ヤマケイ文庫

完全版

日本人は、どんな肉を喰ってきたのか？

Tanaka Yasuhiro

田中康弘

Y. L.

Yamakei Library

厳寒のトド猟

極寒の海を疾駆する小舟。その上で銃を構える猟師はまるで制振装置が装備されているようだ。立つのも難しい状況で抜群の安定感。実にワイルドだ（北海道礼文郡・礼文島）

シカの巻き狩り

冬場は猟師以外には誰も入ってこない静かな空間だ。遠くから、
ときどき小海線を走る列車の音が聞こえる（長野県川上村）

凍える川でシカは必死の逃避行を試みる。しかし彼には逃げ場
などありはしない。猟犬は絶対に逃さないのだ（長野県川上村）

大物となると慣れた猟師が複数かかっても簡単には引き出せない。
獲れた喜びと大変さは同時にやってくる(長野県川上村)

シカ肉料理

レバニラ炒めといえば大衆中華料理の定番、王道である。豚レバーを使うのが一般的だが、別にシカレバーを使っても何ら問題ない。新鮮なものなら臭みはあまりないから美味しくいただける

右上）シカスペアリブのワイン煮。スペアリブはバラ肉の付いたあばら骨のことで、調理前にしばらくザクロ酢と黒酢に漬け込んでおく。砂糖、ニンニク、オリーブオイルを加えて、赤ワインでグツグツ煮込む。右下）シカ肉の串カツ。ひと口大に切ったシカ肉をタレ（しょうゆ、ニンニク、塩、ごま、砂糖、ショウガ）に漬け込んでおく。左上）シカ筑前煮

右上）シカ肉のシチュー。右下）シカ肉背ロースのロースト。左上）シカ・ケバブ。臭いと敬遠がちなジビエだが、けっしてそのようなことはない。及び腰の人がいたら、ぜひ挽肉料理にして出すことをおすすめする。挽肉ならくず肉でも硬い部位でもOK！　香辛料を効かせれば、今巷ではやりのケバブ風に変身

右上）シカ焼き肉。左上）ニラと一緒に漬け込んでから鉄板焼きで食べるとまたひと味違う肉料理となる。工夫次第で何度も美味しいシカ焼き肉は試す価値あり。左下）シカ肉はイノシシと比べると脂身が少ない。とはいえ、バラ肉にはそれなりの脂身が付いている。バラ肉を細かく切って、焼き肉のタレに漬け込んで焼くとかなりうまい

ノウサギ猟と料理

山には生きるために必要なものがすべてそろっている。そこにいる限りマタギはマタギとして生活ができる。山の様子、風の向き、雪の降り具合、あらゆる自然のサインを読み解き、そこへ身を投じてこそ恵みを享受できる

100% ウサギ料理。骨ごとぶつ切りにしたウサギを味噌仕立てでいただく。この骨が薄くて非常に硬い。雪上での軽快なフットワークはこの骨があってこそ

薪ストーブと煮物の相性はいい。じんわりと味が染み入る感じで一味違ったできあがりになるのだ。薪で風呂を沸かすのも同じか……違うな

ツキノワグマ料理

誰がどう見てもすき焼きなのだ。まさかクマがすき焼きになるとは思わなかった。しかしその味は絶品、本当に美味しいのである

右上）秋田県北秋田市阿仁打当地区のマタギがつくったトロトロのツキノワグマの煮物。右下）クマ焼き肉丼は歯ごたえ味わいともに十分（阿仁打当温泉）。左上）マタギの湯で食べられるクマ鍋

右上から）骨付き肉とダイコンの煮物。シンプルで美味しい／クマ肉の味噌煮。こんにゃくを入れてももちろん OK ／クマ肉は基本的に自由自在の食材で楽しい／どんぐりを食べたクマの内臓料理。渋みが癖になる／左上から）和風の代表のような根菜類との煮物／大鍋に採れたての山菜とクマ肉を入れて煮込む。山の中でのクマ料理最高／クマ焼き肉

アナグマ料理

アナグマの肉は美味しいことで知られている。クセのない味で、特にその脂が美味い。大きいほど肉付きもよく、獲物としてはうれしい

右上）きれいな肉である。赤身は豚肉のようであるが、脂身は牛脂にも似ている。独特のにおいはなく、ほぼ無臭に近い。右下）定番のすき焼き。これは万能の調理法ではないだろうか。これならば、たいてい美味しく食べられる。左上）骨付き肉は根菜と煮込んだが、かなり美味である。骨と肉から旨味があふれ出る感じで、それがそのまま野菜と混ざる

ハクビシン料理

果物などの甘い物を好む。その性質を利用して捕獲罠にはアンドーナツを入れるとよくかかるとか。木登りが得意である

右上）ハクビシンの肉は完全に牛肉にしか見えない。色艶がそっくりである。妙なにおいが一切ない上品な素材。左上）焼いてもなんら問題はなし。牛肉よりも美味しい香りがして、脂は牛肉よりもあっさりとした感じだ。左下）これがハクビシン肉のメインディッシュ。やっぱりすき焼きが最も相性がいいかも……というより、ほとんど牛肉

カマイ（リュウキュウイノシシ）猟

一年中、鬱蒼としたジャングルはカマイの
王国でもある（沖縄県八重山郡・西表島）

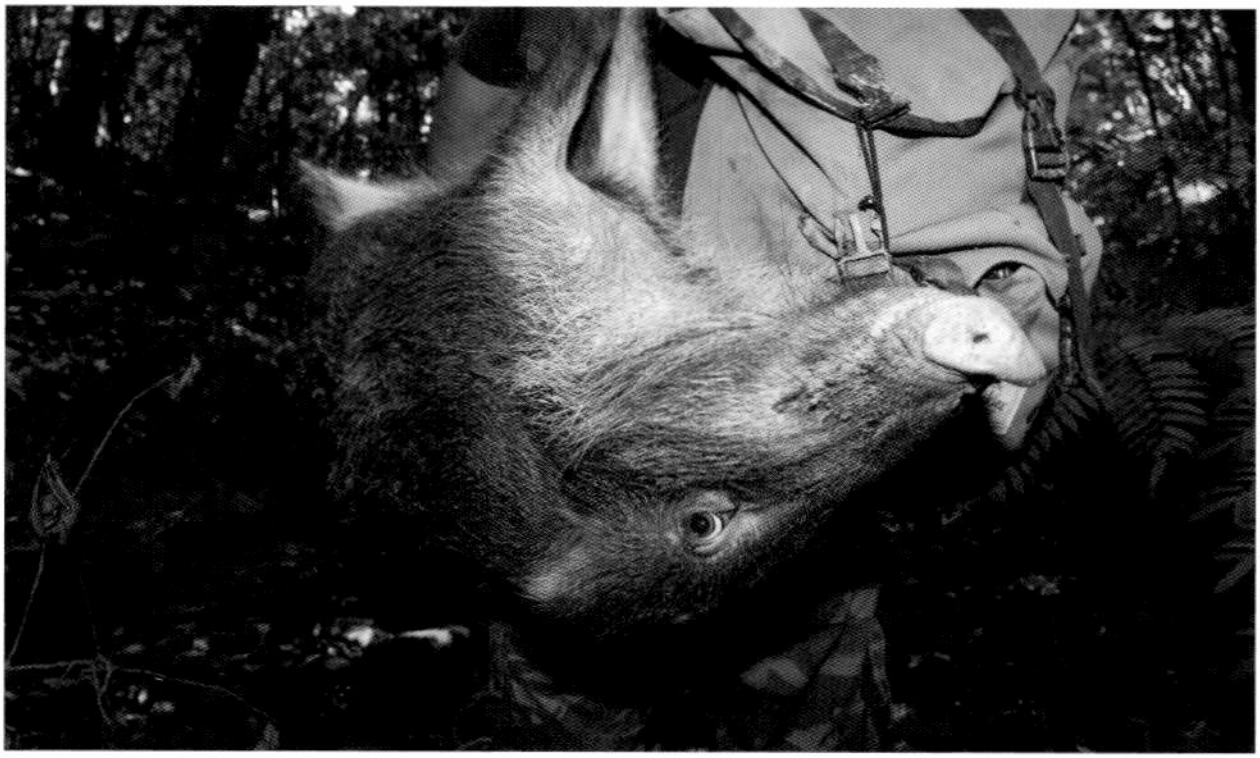

カマイを抱えて小舟まで歩く。自身の運命を知ってか知らずか、
カマイは目をくりくりと動かす。猟師たちによって多くのカマ
イがこうして運ばれるのである（沖縄県八重山郡・西表島）

生け捕りしたカマイを載せてスイスイ進む。暖かな風を突っ切る心地よさは
格別だ。だんだんと広がっていく川幅が猟の終わりを告げる合図でもある

カマイ（リュウキュウイノシシ）の料理

バラ肉とヒレ肉の焼き肉オオタニワタリ入り

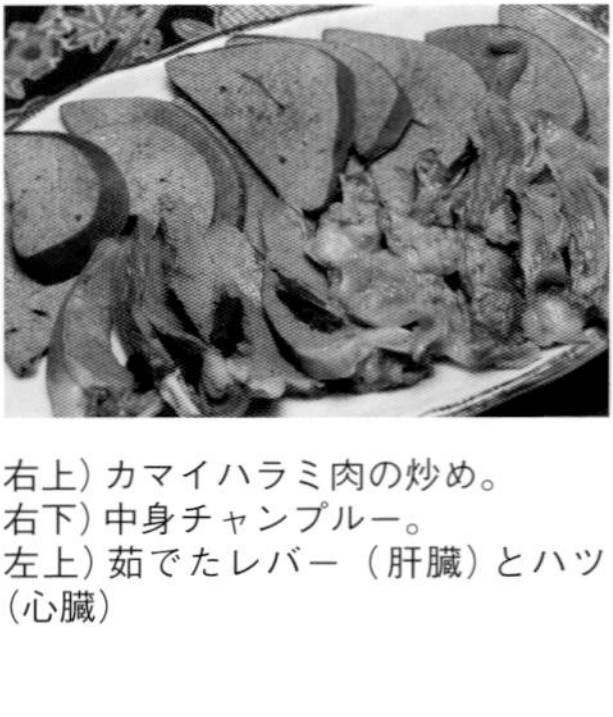

右上）カマイハラミ肉の炒め。
右下）中身チャンプルー。
左上）茹でたレバー（肝臓）とハツ（心臓）

目次

はじめに　肉を食べに南へ北へ

20年以上前に秋田県の阿仁マタギと知り合って一緒に山へ行くようになって以来、私はさまざまな猟場へと足を運び取材した。その過程で強く感じたのは、狩猟が地域の食文化と密接に関わっているということだった。狩猟に携わる人は山菜やキノコ、魚にも興味を持つ人が圧倒的に多い。狩猟と採集はセットなのだ。そして手に入れた獲物はきちんと食べる。そのような当たり前のことが、実は地域の食文化を受け継ぐうえで大事な要因だと思われた。現在は山間の集落からでも車で1時間も走ればスーパーがあり、都心となんら変わらない食生活ができる。そのような時代において、目の前のフィールドで山菜をキノコを魚をそして肉を探し求めるのは、趣味性が強いと思われがちだ。しかしそれらの行為は、本来その地で生き抜こうとする人間としては当然のことなのである。

日本列島へ人類が入ってきたルートは、主に三つあると考えられている。サハリン経由で北海道、半島経由で九州北部、そして島伝いで九州南部である。偶然であるが、今回の旅はこれらに重なる部分が多い。日本人がどこから来て何を食べて日本人になっていったのか。もちろん、そんな高尚な学問的探求心ではなく、知らない土地を歩き、話を聞き、そして食べて理解したいのである。〝論より証拠〟ならぬ〝論より食〟なのかもしれない。

とは言っても、本書は決して安っぽいグルメ企画ではない。狩猟とは、自分の命を繋ぐために危険を伴いつつ他者の命を奪う行為である。生きるために太古の昔から人々が行ってきた最も重要な行為が狩猟なのだ。現在日本でどのように猟が行われ、そしてどう獲物は食べられているのか。その現場を疲労困憊覚悟で歩いてみようと思う。

南の島のカマイ

西表島
（沖縄県八重山郡）

西表島にいる南限のイノシシ

イノシシの北限は年々伸び、最近では栗駒山の秋田県側で捕獲された例がある。この時はちょっとしたニュースになったが、どうやって豪雪の栗駒を越えてきたのかは謎のままだ。一説には誰かが放したらしいともいわれている。過去には千葉県の房総半島に似た例があり、そこで放されたのはシカだった。房総地区はもともとシカがいない地域で、地元の猟師たちが狩猟目的で放したのである。それが今では増えすぎて多大な農業被害をもたらしている。勝手に放しておいて有害獣で駆除だとはシカも迷惑な話である。

豪雪地帯にイノシシが生息できない理由はその足の短さにある。すっぽりと雪に埋もれると、うり坊は身動きが取れずに死んでしまい、繁殖できないのだ。では南に行けば行くほど暖かく一年中活発に動き回り、さぞかし立派な体軀のイノシシがいるかというと、意外とそうでもない。沖縄県の八重山諸島、東洋のガラパゴスといわれる西表島のイノシシは最大でも60kg程度。これは本土の半分以下である。普通は30kgを超えるといいサイズで喜ばれている。一般にはリュウキュウイノシシと呼ばれるが、沖縄本島やその他の島とは種類が違うというのが定説となっている。どのように違うのかはDNAレベルでの研究も進んでいるが、現時点では何が違うのかは定かではない。そんなリュウキュウイノシシを西表島ではカマイと呼ぶ。

日本は広い

西表島に行くのは二度目だが、前回の訪問は随分前のことであまり覚えていなかった。今回は家から電車、モノレール、飛行機、バス、高速船、レンタカーと乗り継ぎ、現地へ入った時は9時間が経過していた。地図で確認すると直線で大体2000km近くあるのだから、時間が掛かって当たり前なのだ。ああ、日本は広い。

西表島は調べると謎が多い島だ。歴史的には琉球王朝時代や李国の文献等にその記述があるというが、数は少ない。具体的に人々がどのように生きてきたかが分かりにくいのだ。島にあった縄文後期の貝塚からはカマイの骨も出ているそうで、古くから狩猟が営まれていたことは間違いがないようだ。しかしその遺跡も資料も現地の人に聞いてもまったく分からないし、役場機関に行っても何もない。不思議な話である。普通は郷土の歴史ということで、小さいながら資料館的な施設が現地にあってもいいはずなのに、それがないのだ。不思議といえば行政的にも珍しいことがある。西表島は竹富町に属するが、その町役場は町内には存在しない。お隣の石垣市の中心部にあるのだ。移ったのは戦前の話で、竹富町内に役場を戻そうという運動は細々と今も続いている。しかし役場で働く人が全員石垣島在住ということで、結局は移転もままならない。

現在の西表島は世界自然遺産への登録を目指している。東洋のガラパゴスの例え通り、貴重な自然が残されているが、そうなった原因の一つは厄災ではないだろうか。西表島は以前マラリアが蔓延する地で、人が生活するのに困難を極めたのである。近代になっても炭坑開発や強制移住で多くの人が送り込まれ、全滅する集落すらあった。つまりこの過酷な環境が開発から島を守ったといえる。島を周回する道路もなく、山をズタズタに切り裂く林道もない。元来、水も豊富で広い西表島は乱開発されていても不思議ではない。それが人が住みにくい環境のせいで貴重な自然が残され、他の島々や地域で行われているような破滅的な開発が防がれているのだ。

西表島最高峰の古見岳は469.5m、単独峰ではなく連峰だ。貴重なイリオモテヤマネコのすみかである

マングローブの若木がひょろひょろと伸びる光景は面白い。流されまいと砂地に踏ん張る根の形状がまた可愛い

網打ちは何度も見たが、これほど獲れないように見えるところはほかにない。あまりに浅くて心配

ところが網を上げればこのとおり。驚きの漁果である。河口付近にいる割には綺麗な魚体で実に美味そう

泥の中から顔を出したマングローブガザミ。ヤシガニのハサミも脅威だが、これもなかなかのもの。挟んだ枝が軋む

そこに落ちている木の枝が獲物を獲る道具になる。掘ったり、投げたり、引っ掛けたりと、知恵を駆使して人は生きていくのだ

豊かなる島

東部地区の大原から車を走らせていると、ちょうど潮の引いた浜を歩く島人の姿が見えた。車から降りて長靴に履き替え近づくと、その人は網を抱えていた。浅瀬で投網をしようというのだ。

〝ブンッ〟

大きなモーションから打たれた網は、朝顔を逆さにしたように開くと、バシャッと水面に落ちる。

「こんな浅い所で魚が獲れるんだろうか？」

あまりに浅い場所なので心配になるくらいだ。しかし引き上げられた網には銀鱗を輝かせる魚の姿が数匹見られる。チヌやボラ、コノシロ等がキラキラと跳ねる。

「これは晩のおかず。小さいのは夜釣りの餌さぁ」

島人は投網をさらに2回打つと、バケツ半分の魚を手に入れて帰っていった。

さらに進むとマングローブが広がる河口付近でしゃがみ込んでいる島人の姿があった。気になったので見にいく。その島人は木の棒を盛んに砂の中に差し込んでいるではないか。

「あっと、これは獲れないなぁ……」

棒を押したり引いたりするその先をよく見れば、何と大きなハサミが見える。

「これ？　これはマングローブガザミさぁ。窪んだ所にいるのさぁ」

言われて辺りを見ると、確かに干潟にはところどころへこんだ部分がある。そこを棒で探って獲物を探していくらしい。マングローブガザミはヤシガニと並ぶ高級食材である。それがこんなに簡単に獲れるとは驚きだ。島人は手早く2匹のマングローブガザミを手に入れると駐車場へと上がっていった。実は彼、観光バスの運転手さんで、お客さんが帰ってくるまでのわずかな間にカニ獲りをしていたのである。投網の人といい、この運転手さんといい、まるで菜園にトマトでも取りにきたかのようにふらりと海辺に降りては簡単に食べものを手に入れる。何とも豊かな島の姿だ。

青空の下、刈り入れを控えたサトウキビ畑を抜けると気になる看板が目に入った。

〝猪狩家〟

いのしし　かる　いえ
何だ！　これは!!　行き過ぎたが、迷うことなくUターンしてその店先へと飛び込んだ。まだ新しい感じの店は食堂のようである。カマイが食べられる店なのだろうか。

椅子に座って店内を見渡していると、横のテーブルから気になる会話が聞こえてきた。それは間違いなく猟場の配置に関する話だった。この人たちは猟師だ。そう思った私は打ち合わせが済むのを待って声を掛けた。

カマイの解体

〝猪狩家〟はカマイトゥヤーと読む。猟の話をしていたのはここのオーナーで、高田見誠さんという西表島のベテラン猟師だった。

「何？　カマイの猟が見たいの？　この辺りで多いのは罠猟でね、知り合いがやってるよ。獲れたらこの先の橋の近くで解体しているから見にいってみれば」

なんという偶然だろう。たまたま見かけた店に最も会いたかった人がいたのだ。これは西表島の山の神に感謝である。

午後3時過ぎ、高田さんに教わった場所へいってみた。橋の横から測道へ入っていくとカーブの所に1匹のヤギが繋いであった。

「これも食用か？」

ヤギの奥には田んぼが広がっている。その脇に広場があり、誰かが立っていた。そしてその足元に転がっていたのは……。

「カマイだ」

それも3頭。サイズは小さいが生きがいい、というより生きているではないか。これは凄い。さっそく高田さんの紹介であることを告げて、作業を見せていただくことにした。

足を縛られて寝転がったカマイは目をくりくりと動かしている。聞けば10kg程度で、まだ子供の範疇だろう。

「これはすぐそばの山で獲れたんですよ」

解体の準備をしていた岸本望さんは猟師になって3年目である。6年前に西表島に移住してから狩猟免許を取ったそうだ。

「もらって食べたカマイ肉があんまり美味しくて自分でも獲ろうと思ったんです」

そして罠猟を教わるために、この田んぼの持ち主である仲新城長博さんの弟子になった。仲新城さんは高田さんの幼なじみで、子供の頃から西表島のジャングルを一緒に駆け回った仲間である。

転がされたカマイには、まず止め刺しと血抜きが行われる。喉元から刃物を入れて一気に心臓付近の動脈を切る。心臓を切るのではなく動脈を切ることで短時間に血が

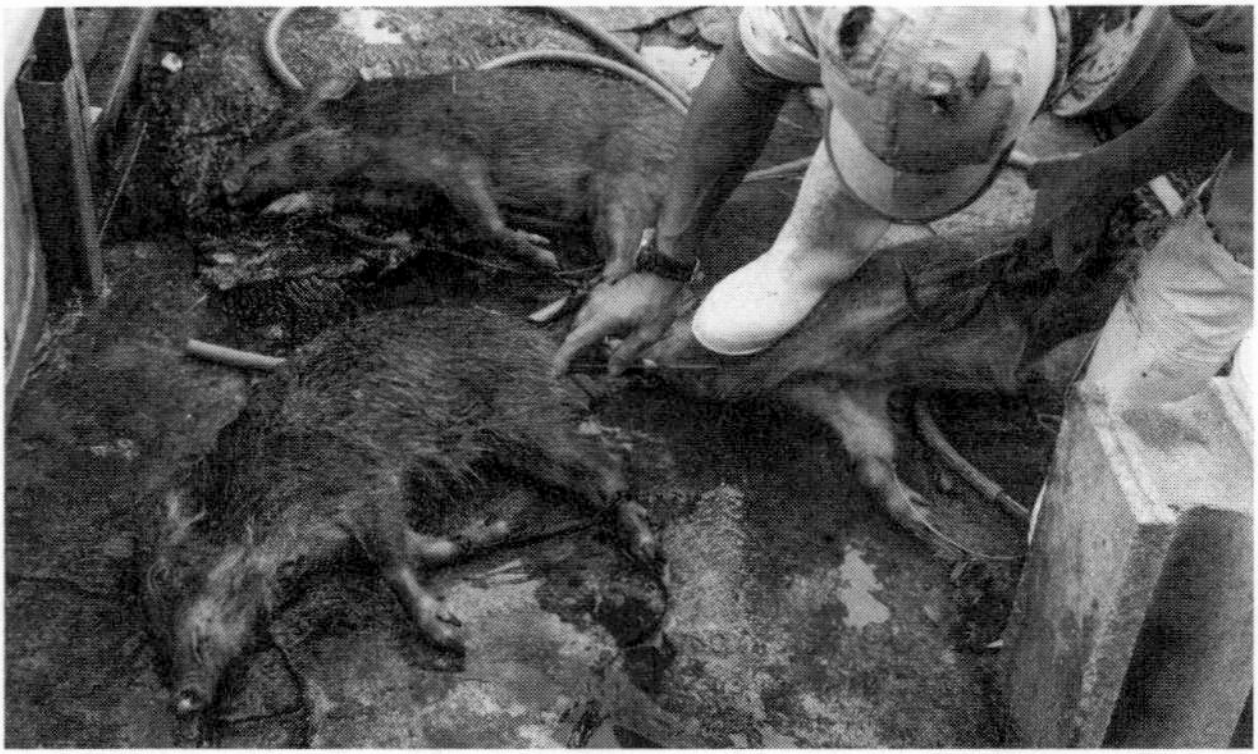

解体場所までは生きた状態で運ばれる。ここで止め刺しと血抜きが同時に行われる肉質は良好だ

バーナーでゴーゴーと焼かれるカマイ。いくら剛毛でもこの火力には敵わない。あっという間に毛が落とされる

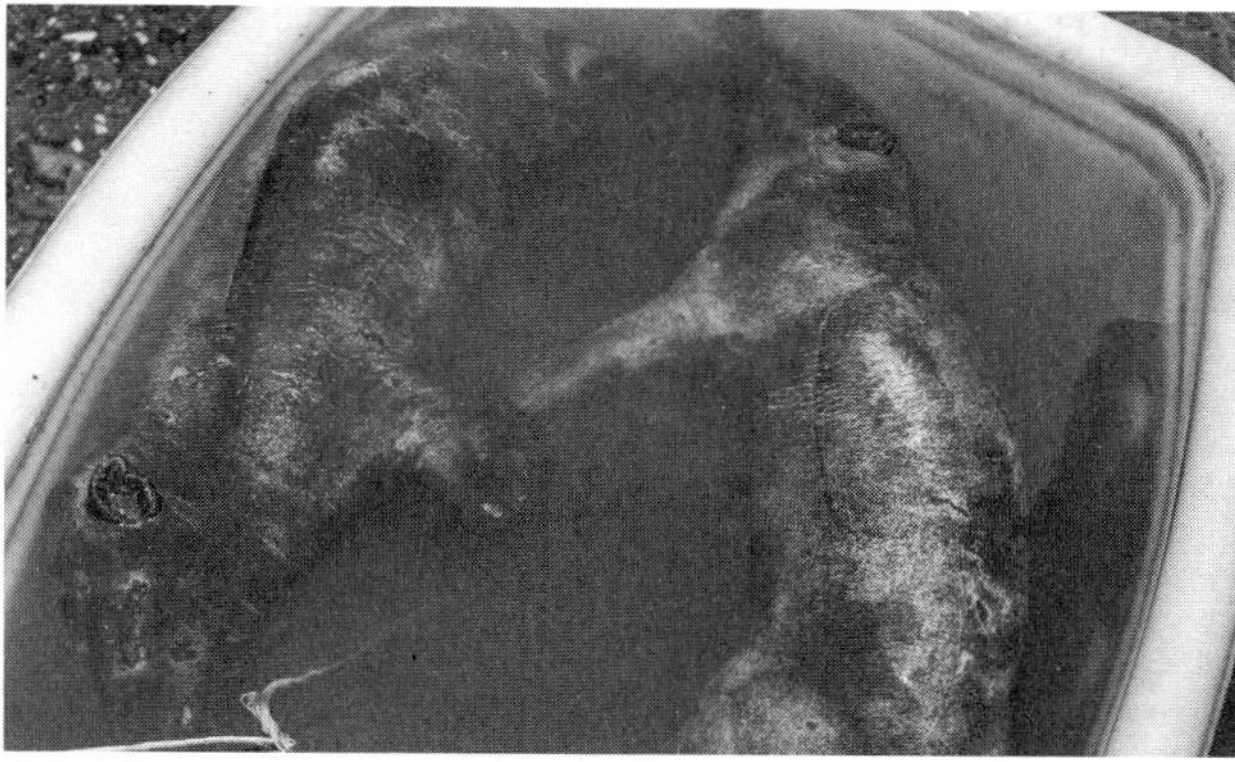

全身火焼けサロンの後は、水風呂に入って火照った体を冷やす。まだ内臓がある状態だから、熱くなる時間を短くする必要がある

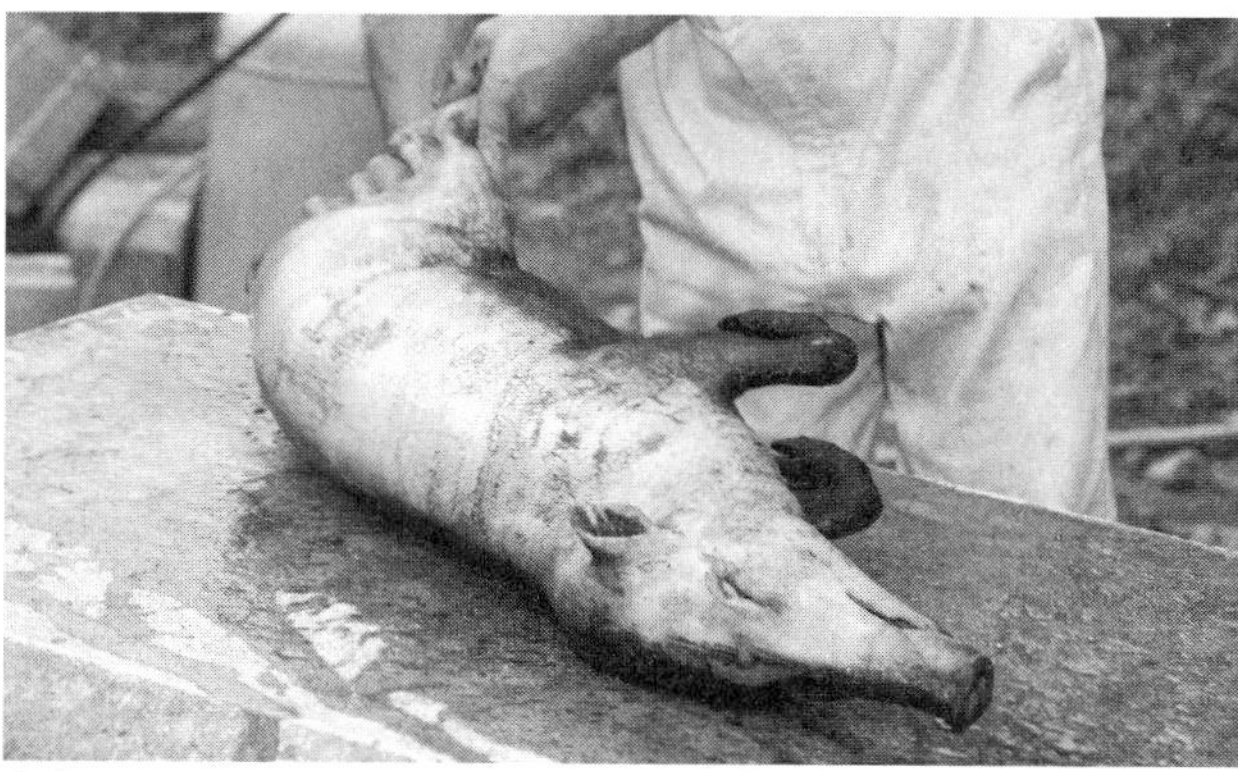

全身くまなくエステ中のカマイ。脱毛と美白のフルコースで満足そうな笑顔が可愛い。いいにおいもする

抜ける。これがうまくいかないと血が腹腔に溜まり肉質に悪影響を与える。

血抜きが済んだカマイは大きなコンクリート製U字溝の上に乗せられた。そして岸本さんが巨大なバーナーを手にした。

〝ゴオオオォ〜ッ〟

吹き出される炎がカマイを包み込む。

「豚の丸焼き？」

これがカマイ料理かと思ったらそうではない。まずはカマイの剛毛をバーナーで一気に焼き切ろうというのだ。

激しい炎に焦げ始めた毛を岸本さんは刃物を使いガリガリとこそぎ落としていく。丁寧に丁寧に顔からお尻から腹から背中から足回りまで、まるで高級エステ店の脱毛フルコースのように施術する。全身をくまなく炙って毛を落とすと、水にしばらく浸して粗熱を取る。それを今度はスチールタワシでごしごし擦ると、焦げ目が取れてピカピカのカマイが現れた。これは凄い。あの剛毛の下にこんな表情が隠されていたとは驚きである。真っ白になった顔は、心なしか微笑んでいるではないか。エステサロンで満足そうな表情のおばさんそのものに見えた。つるつるになったカマイはここで初めて腹を割かれる。本州の場合はまず内臓を抜いて沢に浸す。最低でも1時間以上は流れにさらして冷やすから、このやり方は非常に珍しい。途中から師匠の仲新城さんも加わり、解体は短時間で終了した。

カマイ罠猟

二日後、高田さんと仲新城さんが罠猟の現場に案内してくれることになった。林道もない西表島の山中にどうやって行くのかはかなり不安だ。とにかく私は片道3時間が限界、それ以上になるとゾンビに変身してしまうのだ。何とか少しでも耐えねばならない。そこで、以前買ったのを忘れて仕舞い込んでいた強烈なストレッチのパワータイツをはいていくことにした。これで楽に歩ければいいなあ……。

午前8時半、集合場所は後良川（シイラガワ）の横。本日のメンバーは高田さん、仲新城さん、そして若い衆が二人に役立たずの私と計5人。

「じゃあ、行きましょうか」

高田さんに言われて付いていくと、なぜか階段を降り始めた。目の前は後良川の河原である。

「舟？」

「そう、ここから舟で行くの。いいでしょう？　ジャングルクルーズ」

おおっ！　それは凄い。まさかいきなり川を遡っていくなんて夢にも思わなかった。ただ舟が5人の男が乗るには少し小さいかなあ……。

〝ドルルルル〟

船外機の音が軽く辺りに響く。後良川の両岸は濃いマングローブの緑に覆われ、その間を舟はゆっくりと遡る。これはかなり気持ちいい。これでカマイが獲れれば本当に最高の取材になるはずだ。

前方には低い山が見える。西表島は全島を木々に覆われているが、山そのものは高くない。最高峰の古見岳でも５００ｍに満たない低山なのだ。ただし山へ入る道がほとんどないため、その行程は歩きが主となる。

後良川は引き潮のせいもあって川底が見えるくらいに浅い。そこを進むには沈んだ木の根や石を注意深く除けながらの操船が必要だ。しかし流れそのものは汽水域にしては綺麗で、チヌ等の魚が群れ泳ぐ姿が頻繁に見られる。

20分ほど進むと川幅が段々と狭くなってきた。流れが軽く曲がると一層川幅が狭まる。仲新城さんは右岸に舟を近づけた。

「どこか分かるか？」

先に降りた若い衆に声を掛ける。

「何回来ても覚えないからさぁ」

舟の上の長老たちはぼやきながら森の中を見つめている。

「あんな印付けんと分からんようじゃ」

言われたほうを見ると、マングローブの枝に白いビニールテープが巻き付けてあった。どうやらそこから入った所に罠が仕掛けてあるらしい。しかし周りを見ても同じようなマングローブ林が広がるばかりで、私には場所の区別が付かない。子供の時から山が遊び場だった人とそうでない人の感覚の差としかいえないだろう。

「掛かっていませんね」

若い衆が見回って戻ると、再び舟に乗り込み上流へと進む。浅瀬に完全に遡上を阻まれるまで3回ほど確認して回ったが獲物はいなかった。はたしてカマイは獲れるのか?

舟を降りると、マングローブの間を抜けて森へと入る。中に入ればそれは九州の山とさほど変わらないようにも見えるが、シダ類やヤシ類、そして板根と呼ばれる独特の形態はやはり亜熱帯のジャングルそのものだ。

ガサガサと草木を掻き分け、ジャブジャブと沢を渡り、一体どこへ行こうとしてい

後良川（シイラガワ）河口。観光地として有名な仲間川と違い、地元民以外は訪れない。静かでいい場所だ

人工物がまったく見えないこの贅沢。舟に乗ってから、橋も道路も建物も電柱もちろん、電線もない

いよいよジャングル探検の始まり

南の島独特の森の空気が美味い。こんな所
にダムを造る計画は止めてほしい

るのか私には皆目分からない。比較的平坦な森の中を右往左往している。これはあちこちに仕掛けた罠を確認する作業なのだと気付いたのは3～4個空振りの罠を見た後だった。

「今日は獲れるかな……」

ここまで来てカマイの姿を見られないと話にならない。一応、帰りの飛行機は予約を入れていないから獲れるまでは島に留まるつもりではあるが。

「いるいる」

不安な気持ちでついて回る私に罠を見てきた仲新城さんが声を掛けてくれた。

「いますか？」

ブッシュを掻き分けながら付いて行き、指さされたほうへと目を向ける。どこ？どこにカマイがいるのか……。

「おっ、いますね」

草の下にうずくまるようにしているカマイの姿は遠目には分かりづらい。少し近寄って写真を撮ろうとすると言われた。

「危ないからあんまり近寄らんで」

決して大物ではない。恐らく20kgあるかないかといったところか。しかしこれが油断できない。雄ならば小さくともナイフのような牙を持っている。動脈をやられれば命に関わるし、突進を受けてもかなりのダメージを被る。小さくとも迂闊には近づかないのが罠猟の鉄則なのだ。

注意深くカマイの様子をうかがいながら段々と距離を縮めていく。カマイは頭をこちらへ向けていつでも突進できるぞと威嚇する。前方の仲新城さんに気を取られている隙に後ろから若い衆が近づく。そしてカマイの後ろ足に手を掛けた。

〝ビィィ〜、ビィィ〜〟

前足を罠にくくられたカマイは、さらに後ろ足をつかまれて身動きがとれなくなった。そこを押さえ込むと素早く口を針金で縛り上げた。こうすることで牙や歯で手傷を負う心配がなくなるのだ。同時に後ろ足を農業用のビニール紐で縛り、それを前足の片方に結びつけた。3本の足を固定してカマイの動きを完全に止めたのである。目を白黒させるカマイをよっこらしょと肩から下げると次の罠を見に行くが、この格好が何ともおかしい。まるでスコットランドのバグパイプのようで、ときどき〝ブッ！〟という音がするのだ。

しかし小さいとはいえ、このまま担いで移動するのは大変である。一体どうするのだろう？

左前足をくくられたカマイ。暴れ回ってひっくり返っている。
このままだと一日程度で死んでしまう

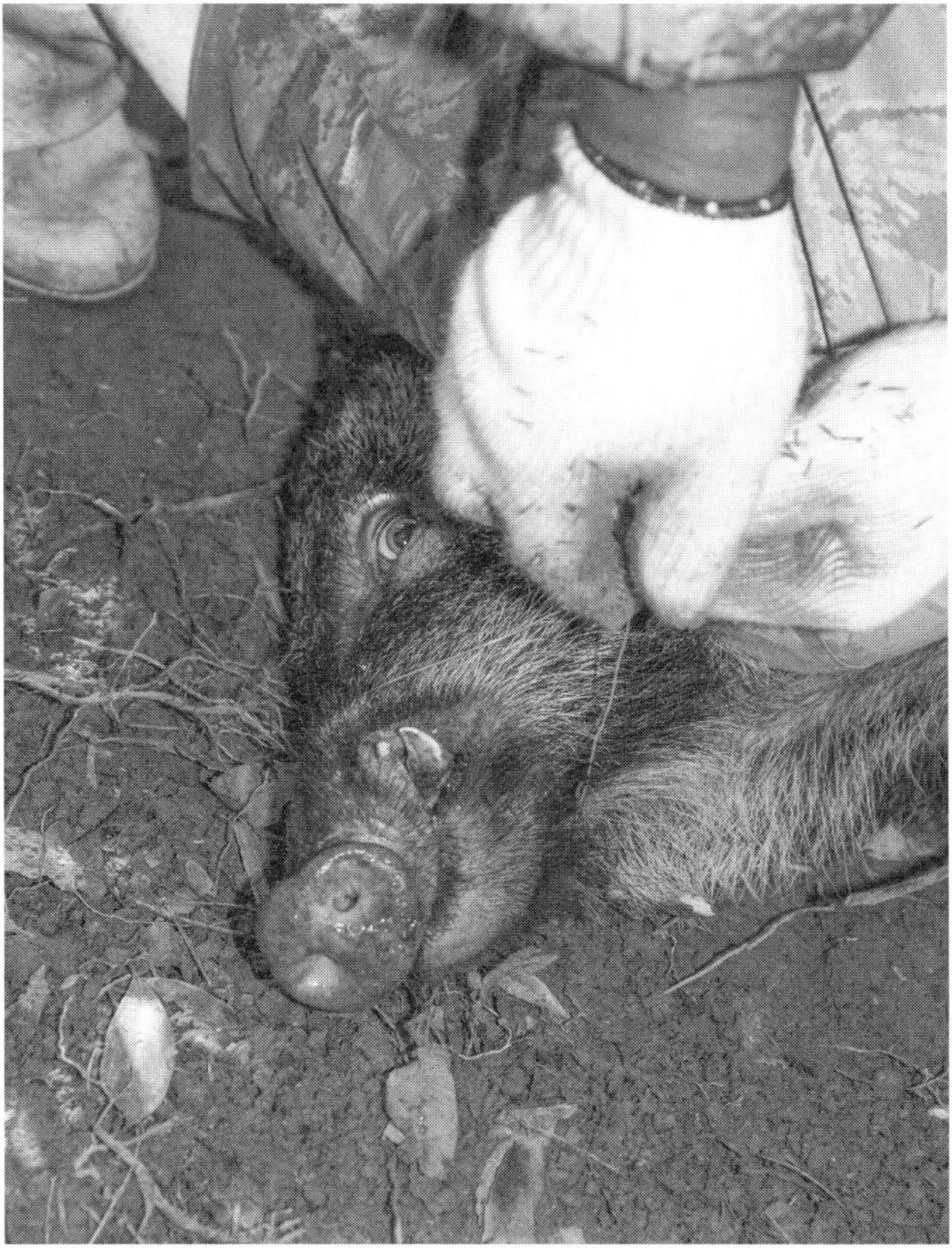

押さえ込んだカマイの口をすばやく縛り上げる。牙だけが脅威ではなく、噛みつかれても人はかなりの傷を負う

30kgのカマイを担いでブッシュを歩く。なんともワイルドな光景ではないか。前足が一本縛られていないのは、このほうが担ぎやすいからである。カマイは為す術がなくおとなしくなる

ジャングル弁当は美味い！木々の間から見える青空、そして差し込む太陽、鳥のさえずりを聞きながら食べる昼ご飯は格別なのである。もちろん、カマイが獲れた喜びがプラスされている

ジャングルの中ではほとんど携帯が通じない。獲物を積み込んでしばらくすると、ようやく電波の入る圏内となる。今日の獲物を写メで撮ると、さっそく仲間に猟の結果を伝える。これもまた現代流だ

小径まで出ると、若い衆は生きたバグパイプを下ろす。そして木の下から生えた枝の部分に足を縛った紐を掛けたのである。

「それで大丈夫なんですか？」

「大丈夫、逃げませんよ」

はあ、確かにカマイは逃げられないかもしれないが、通りすがりの人が勝手に持っていくことは……ないか、この場所では。

次に見回った場所では30kg超の雄が掛かっていた。こちらは大型でさすがに鼻息が荒く、土を巻き上げて抵抗を試みてくるが、同じように縛り上げられると、また木の枝に引っ掛けられた。こうして、午前中に3頭のカマイを手に入れることができたのである。

自家製の罠

目的のカマイを捕獲すると、今度の仕事は罠の設置だ。罠猟は基本的に罠の数が多ければ多いほど獲れる確率が上がる。もちろん適正な場所に設置すればの話である。獲物の通り道をよく見て罠を仕掛けるのは常識だが、西表島の罠は実に独特である。

本土で使用されるくくり罠は基本的に既製品が多い。踏み込み部分は木やプラスチック製で、そこへくくるためのワイヤーを設置するタイプがほとんどだ。これはセットで買うと安くても5000円、高い物は1万円近くする。それに対して西表島の罠はまさに手づくり。身近にある竹と木で大部分ができている。購入するのはくくりのワイヤー部分だけだ。これならば一組に200円も掛からない。一人が仕掛けることができる罠の数は30個までで、1万円の罠なら30万円の出費だからこの差はもの凄い。しかし、手づくりだから当然手間は掛かる。

罠は大まかに4つのパーツに分かれている。竹の杭状の本体と人形と呼ばれる踏み込み部分、そして跳ね上げるための動力を生み出す跳ね木とストッパー部分である。カマイが人形を踏み込むとこのストッパーが外れて跳ね木がビョンと舞い上がり、ワイヤーが上に引き上げられる。それに連れて踏み込んだ足を締め込んで固定する単純で実によくできた仕掛けなのだ。跳ね木ではなく、本土のようにスプリングを使わないのかを尋ねた。

「あんなのは重くて持って歩けないさあ」

そう言われると確かにそうだ。仕掛けの総重量が1kgを超えるわけだから、10個仕掛ければ10kg以上、その上かなりかさ張るのは事実だ。林道のない西表島で持ち歩くのはあまり現実的ではない。実際、今日現場には十数個の仕掛けを持ってきたが、リュックに簡単に入り、おまけに軽いのだからこれが一番合理的な罠かもしれない。

罠の仕掛け方は、まずカマイが通りそうな所を探すと竹杭をガンガンと打ち込む。

「これは乾燥させてるから、砂岩ぐらいは簡単に刺さるのさあ」

竹杭をしっかりと打ち込むと、一足分の穴をその前に掘る。そこへ跳ね木をぐいと曲げ込み、輪にしたワイヤーを置き、うまく間隔を取ってストッパーを掛ける。この時に跳ね木が不用意に跳ね上がると思わぬ怪我をするから慎重な作業を要する。これは本土のスプリングを使用する罠の場合も同じである。動力部分は獲物を捕らえもするが、猟師をも傷つける可能性が常にあるのだ。

罠の固定が済めば次はカモフラージュだ。小枝を周りから差し込んで手近な葉っぱを敷いて泥を被せる。ワイヤー部分には枯れた草を半分に切って筒状にしたものを通し、周りの藪と同じように草や木で軽く飾り付ければ完成。これが本当に分からない。間近で見れば確かに罠かなと思うが、少し離れると森と完全に一体化してどこにあるかはまったく分からないのだ。実によくできた仕掛けである。

設置に最適な場所でも、跳ね木となる適当な木が常にあるとは限らない。そのような時はどうするのか？　なんと、ほかから切り出して持ってくるのだ。３ｍほどに切った木を設置したい所に持ってくると、何度も何度も地面に向かってズンズンと突き刺していく。まるで森の中で土木工事でも始まったかのような感じである。何度も何度もズンズンと……その度に汗が噴き出す。これはかなりの肉体労働のようで、やはり若い衆の仕事である。こうして打ち込んだ跳ね木をぐいと曲げて罠を設置する。根子のない木にワイヤーが結んであるから実に心許ない気もするが、これで何の問題もなく獲れるから不思議である。こうして一汗かいた後、ちょうどお昼の時間となった。

亜熱帯の森の中での昼食は、猟の取材とはとても思えない。本土なら寒さの中で震えながら冷たいおにぎりを頬張る。マタギのウサギ狩りの時は雪の中にすっぽりと埋もれての食事である。これが実に冷たくておにぎりが歯に染みるのだ。西表島なら鬱蒼とした森の中で心地良い風に吹かれながらの昼食で、驚くべき違いである。

「ここはもうカマイの聖域に入っているのさあ」

高田さんが弁当を食べながら呟いた。イノシシの聖域か。クマの聖域についての話はマタギに聞いたことがある。ある場所から先へクマが逃げ込んだら、もうそこからは追わないという。そこは人が入ってはいけない場所なのだと。

〝ブコブコブコ、ブイブイ〟

カマイの獲り方

西表島では銃猟と罠猟が行われている。銃猟は本土と変わりないが、罠は独自性が高い。森の木をバネとして利用し、くくりの仕掛けも竹を使った自家製だ。元々は島で働いていた台湾人が行っていたやり方らしい。その人があまりに多くのカマイを仕留めるためにやり方を聞いたが教えてくれなかった。そこで壊れたり失敗した罠を拾ってきて、見よう見まねで地元猟師がつくったのがいまに伝わっている。そこにある物を上手く利用することで森から恵みを得る。これこそが知恵なのだ。先人たちの大切な遺産を多くの移住者たちが受け継いでいるのもありがたい話である。いまは廃れてしまったが、古くは圧し罠と呼ばれる物もあった。これは箱状の罠の上に重しを乗せ、なかにカマイが入るとドンと落ちて動けなくする仕掛けである。圧し罠に使った石の塊はいまでも森のなかに残っている。これはヒラオトシと呼ばれるマタギのクマ罠と同じやり方だ。阿仁と西表島に同じ仕組みの罠があるとは非常に興味深い

西表島流の罠は仕掛けが個性的だ。踏み込ませる部分は穴を掘り、まるで小さな落とし穴をつくるようだ。その中に人形と呼ばれる仕掛けを作動させるパーツを埋め込んで葉っぱで覆い、さらにカモフラージュする。そこにあるものを最大限に活用する知恵の塊である

突然、森の奥からイノシシの声が聞こえ、思わず全員の箸の動きが止まった。結構野太い鳴き声である。

「我々を威嚇してるね、あの鳴き声は」

恐らく10mと離れてはいまい。こちらへ向けた警戒の鳴き声は移動しながら数秒間続いた。

「ほらな、ここはもうイノシシの聖域よ」

高田さんは納得するように弁当を掻き込んだ。まあ聖域といえども、結局は獲って食べるのであるが……。

予定した罠を仕掛け終えると下山を開始する。名残惜しい亜熱帯の森だ。また会う日まで……あっ、カマイを忘れてはいけない。帰り道のところどころに置かれたままのカマイを回収しつつの帰路である。

「こりゃ完全に定員オーバーだな」

カマイをゴロゴロと舟に転がし、大の男が5人乗り込んでからそんなことを言われると何とも心細い。無事に戻れますように。

しかし不思議な光景である。マングローブに囲まれた川を、魚ではなく生きたカマイを積んだ舟が下っていくのだ。これを見られただけでも西表島の山の神に感謝である。

カマイ銃猟

翌日、今度はカマイの巻き狩りを見せていただくことになった。これは八重山地区猟友会の合同猟で、石垣島からの参加者も加わった。西表島では犬を使って巻き狩りをする人はもともと少ない。高田さんはその数少ない猟師でもある。

「昔は犬で追い込んで捕まえていたのさ。あれが一番楽しかったね。俺は犬と一緒にやるのが好きだから」

銃猟免許を持つ人は、猟期以外での有害駆除に駆り出される。実際に西表島でのカマイによる農産物の食害は古くからあった。

「山のほうの米はカマイにくれてやるつもりでつくっていたのさ」

八重山諸島では水が豊富で、米づくりに適した地はカマイとの戦いでもあったようだ。食害は何も米だけではない。島パイナップルや、ちょうど猟期が刈り取り時期と重なるサトウキビ等の特産品もカマイの絶好の餌となるのだ。

挨拶と打ち合わせが済むと、車に乗って移動を開始する。本土ならここから林道をグルグルと回りながら足跡を見て配置に付くのだが、道がない西表島はその点、実にシンプルだ。海沿いの道を進むと点々と配置に付く。私は高田さんのお兄さんの後に着いていくことになった。我々が入ったのは県道から下だ。鬱蒼とした森の中に開けた空間はまるで映画のセットのようである。この窪地の向こうには紺碧の海が広がっているのだ。こんな海の間近で行われる巻き狩りは非常に珍しい。

配置に付くと倒木の上に腰を下ろして開始を待つことにした。窪地を見下ろす形で陣取った場所は絶好の射撃ポイントに見える。濃い緑と風に騒ぐ木々の音、そして……。

〝プ〜ン〟

何だ‼ カ??

見ればまとわりつくのはシマシマ模様の憎い奴、ヤブカではないか。12月になるのにヤブカがブンブン飛び回っているのだ。

「これ付けたほうがいいですよ」

渡されたのは防虫スプレーである。なんと猟期の森の中でまさか虫除けが必要になるとは思わなかった。昨日の罠猟の現場ではカは見かけなかったが、今日は気温が上昇したからだろうか。額をどうやらカに刺されたらしい。ぷくっと腫れたところをぽりぽりと掻きながら獲物を待った。

カを手で払い除けながら木々の間を見つめていると、どこからかガサガサと音がする。海へと通じる斜面のほうだ。じっとそちらを見ていると藪の間から顔を出したのはカマイだった。藪から完全に姿を現したカマイは、私に気付くと驚いた顔をして立ちつくす。私はしばらくカマイと見つめ合ったが、これが可愛い顔をしている。

「カマイが来ましたよ」

「えっ？　どこに？」

まったく予想もしなかったカマイのお出ましに、弾も装塡していない状態では対処できるはずもない。そのままカマイは後ずさりすると、ブッシュへその姿を消したのである。まだ犬が追い始める以前の出現だったから、偶然に横を通り掛かっただけだったのだろう。しかし、その姿を見られたことは幸いだった。巻きの中にいた大物は包囲網を突破して逃げ回り、結局この日は捕まらなかったのであるから。

高田さんは親子代々の猟師で、若い頃から西表島の山々を駆け巡ってきた。多い時には年間100頭のカマイを仕留めるベテランである。西表島は東部地区と西部地区に分かれていて、猟のやり方に若干の差異があるという。人口2000人程度の島で、100人近い猟師が数の上ではいるのだからかなり多い。マタギの里である秋田県の

銃猟の配置を決める。どこから犬が追ってきて、獲物はどこへ走るのかを読みながら持ち場につく。これは日本全国同じやり方である。奥の斜面の向こう側は、すぐに海へと繋がる

この日は八重山地区猟友会の共猟ということで、石垣島からも猟仲間が集まった。罠猟とは違い、集団で獲物を追う銃猟は共同作業が大切となる

収穫されたばかりの特産のサトウキビ。ちょうど猟期と収穫が重なる。絞って煮詰めればできあがり

アダンの実。アク抜きしないとそのままでは食べられないが、カマイは食べるそうである

阿仁地区は20年前に5000人の人口に対して50人ほどのマタギがいた。それと比べても西表島の猟師の数が割合的にいかに多いかが分かるだろう。

カマイを食す

前述したように、本土ではイノシシはクマやシカと同じように解体をする。内臓を抜くと、皮を丁寧に剝いでから各部位に切り分けるのである。西表島で主流の罠猟の場合、まず生きたまま解体場所まで持って帰るから、止め刺しや血抜きといった捕獲現場での基本的な作業が解体場所で行われる。これは非常に珍しいやり方だ。

解体場所に転がされたカマイの喉元から刃物を差し込み、止め刺しを行う。瞳孔が完全に開き切ったカマイを次に側溝用のコンクリート台に乗せると、例のバーナーが登場する。九州では70度くらいのお湯を掛けながら毛削ぎ包丁という専用の刃物でぞりぞりと坊さんの剃髪のように毛を抜いていく場合が多いが、西表島は焼き切り専門だ。

「昔はね、カマイを吊してササとかカヤを燃やしてそれで毛を焼いたのさ。バーナーより時間は掛かるし大変だったけど、そのにおいが俺は好きだったねえ。その煙が近所に広がっていくと〝ああ、カマイが獲れたんだ〟ってみんな分かるわけさ」

吊されたカマイの下で燃え上がる炎、そして辺りに漂う煙とにおい。カマイの肉の味と一体化して、地域の人々の脳裏に刻まれたはずである。実に大切な故郷の記憶なのだ。

綺麗に毛を焼きスチールタワシでごしごし擦ると驚くほど色白の猪肌《しし》が現れた。これがなかなかの美肌である。このつるつるの微笑む美白カマイをステンレスの解体台の上に移すと、本格的な解体の始まりだ。高田さんはまずカマイの頭に手を掛けた。くるりと回しながら刃物を動かすと、頭がぽろりと外れる。頭をまず取り除く解体は初めて見た。今度は肛門の周りをくり抜き、腹を割くと一気に内臓を引き出す。これがまた見事にずるっと出てくる。当然であるが、食道から肛門までが一繋がりになった様は体内の仕組みがよく分かる。つい今し方まで生きていたカマイの内臓はピカピカだ。これほど綺麗な内臓は滅多にお目にはかかれない。

高田さんは内臓を抜くと一旦軽く水洗いして、今度は背中から刃を入れる。背骨に沿って切り目を入れる背割りである。これもほとんど見たことがないやり方だ。普通は内臓を取り去って空洞となった腹腔から骨を外すのだが、まず魚の三枚下ろしのように肋骨と背骨を外してしまうのだ。こうして骨を除くと、まるでアジの開きのようなカマイがべろんと台の上に広がる。それをささささっと適当な大きさに切ると、ビニール袋に手早く詰め込み始めた。これも見慣れた解体風景とはずいぶん違う。マタギも含めて一般的な解体は部位を均等に分けていく、つまりマタギ勘定である。そのため台の上には人数分の肉の塊が積み上げられるのだが、ここにはそれがない。どんどん袋詰めされていくのだ。二日前に見た時は何とも不思議な感じがしたが、今日はその理由がはっきりと分かった。ハエなのだ。気温が少し高くなった今日は、一昨日と違い、解体し始めるとハエがブンブンと集まってくる。このハエの中で切り分けた肉を悠長に台の上に置いておくことはとてもできないのだ。いつものように小雪舞う寒空の下での解体とはまったく条件が違い、この亜熱帯の西表島では手早さが必要となる。実際に高田さんの手の動きは驚くべきものがあり、30kg程度のカマイなら20分とかからない。それで綺麗に小分けされた状態まで完了するのだから恐れ入る。以前食肉処理場で見た作業員の手の動きと何ら遜色がない。実に驚異的なスピードである。

西表島のカマイは、食べ方が独特だ。基本的に刺身でどの部位も食べてしまう。イノシシの生食に関しては命取りであるというのが一般的だ。ブタやイノシシはジストマやさまざまな寄生虫の宿主であるために、よく熱を通して食べるのが常識であるが、ここでは刺身が常識だから驚く。

まず解体現場でいきなりご馳走になったのはロースである。高田さんがバーナーでゴーッと表面を炙る。それをスライスして口に放り込むと……完全に中は生！　ローストビーフは70度ほどでじっくりと中まで加熱するが、これは表面をさっと炙っただけに過ぎない。うむむ、これは大丈夫なのだろうか？　しかし、その味は非常に良い。

次にゴーッと炙ったのは舌（タン）である。これは表面を焦がしてからタワシでごしごし擦る。こうすると表面のざらつきが取れて口当たりがよくなるのだ。しかし中は完全な生……生舌。猪《しし》タンの刺身を食べるなんて想像すらできなかったが、モグモグ、今それを食べている。味は焼けていないタンである、間違いなく。当然美味い！

「ドングリを食べたカマイは美味しいのさ。ジーマミカマイとかジーマミカマンとか言うよ。ニンニク醤油で食べるのが美味いね。昔は脳みそもバターソテーとか味噌焼きにしたさ。刺身は若い奴のバラ肉がトロみたいで美味しいよ」

とにかく何でも刺身なのだ。聞けばヤギも刺身で食べるそうで、その時は酢醤油が美味しいそうだ。ヤギの刺身も想像が付かないが、まあ今回は止めておこう。

厨房に移り、今度は若い衆たちが本格的にカマイ料理をつくり始めた。今日は石垣島の猟師たちもそろっての宴会なのだ。

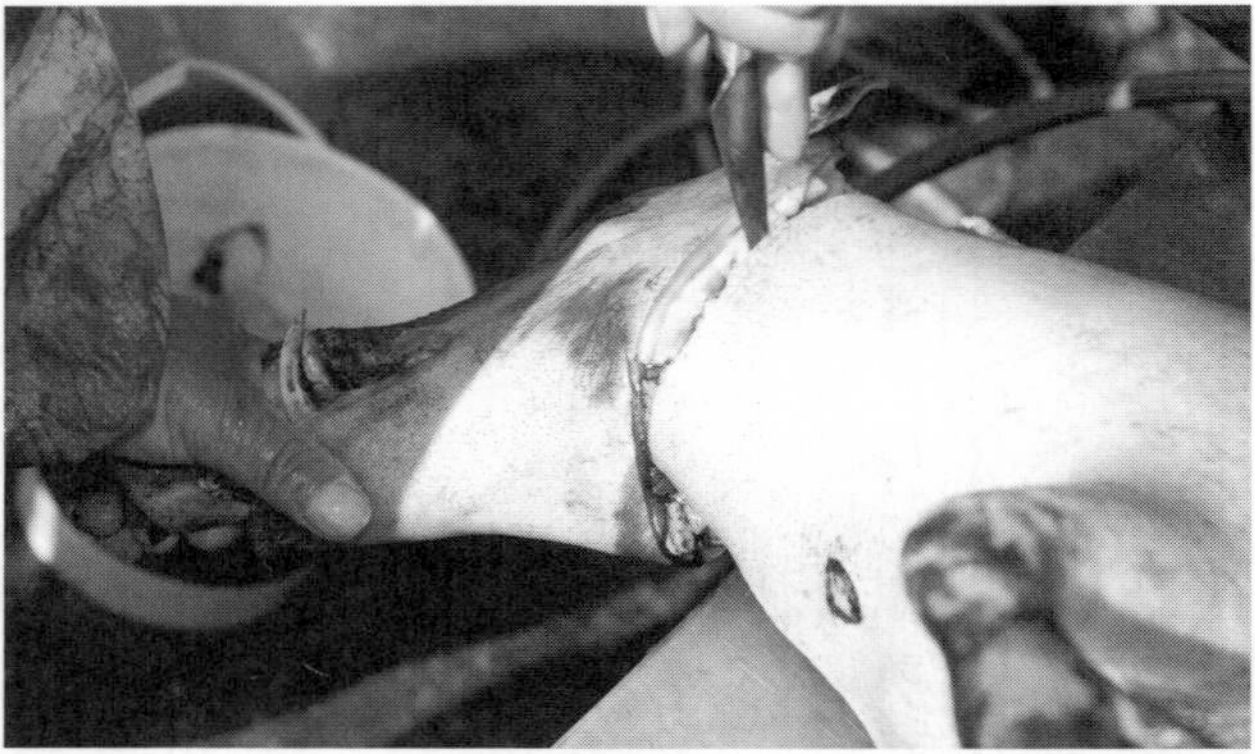

体をクルクルッと回しながら刃を入れると、頭がぽろりと外れる。まず頭を外す解体は珍しい

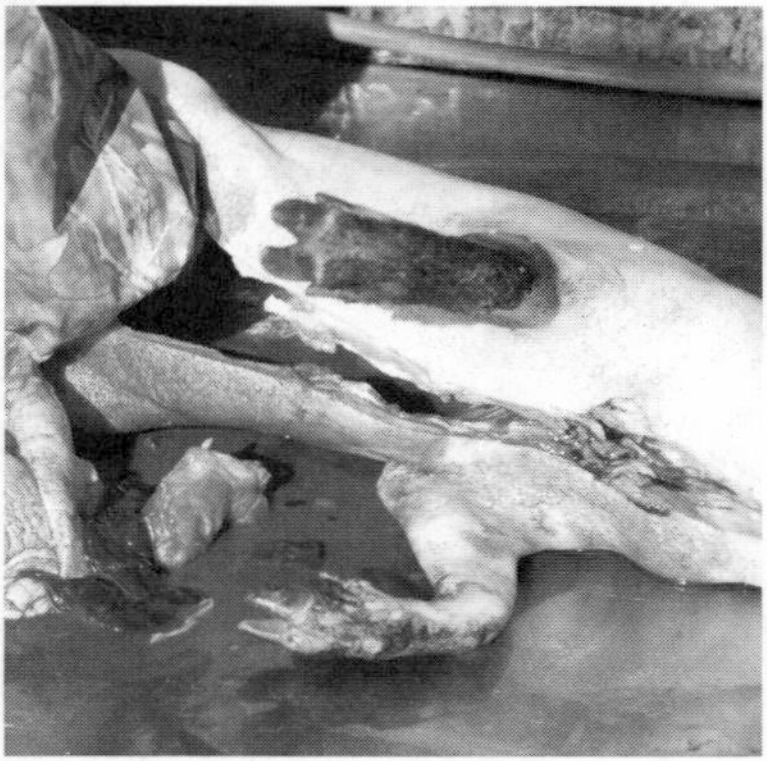

頭を外すと、腹を割り内臓を抜き取る。一気に抜かれた内臓は、先ほどまで生きていただけに綺麗だ

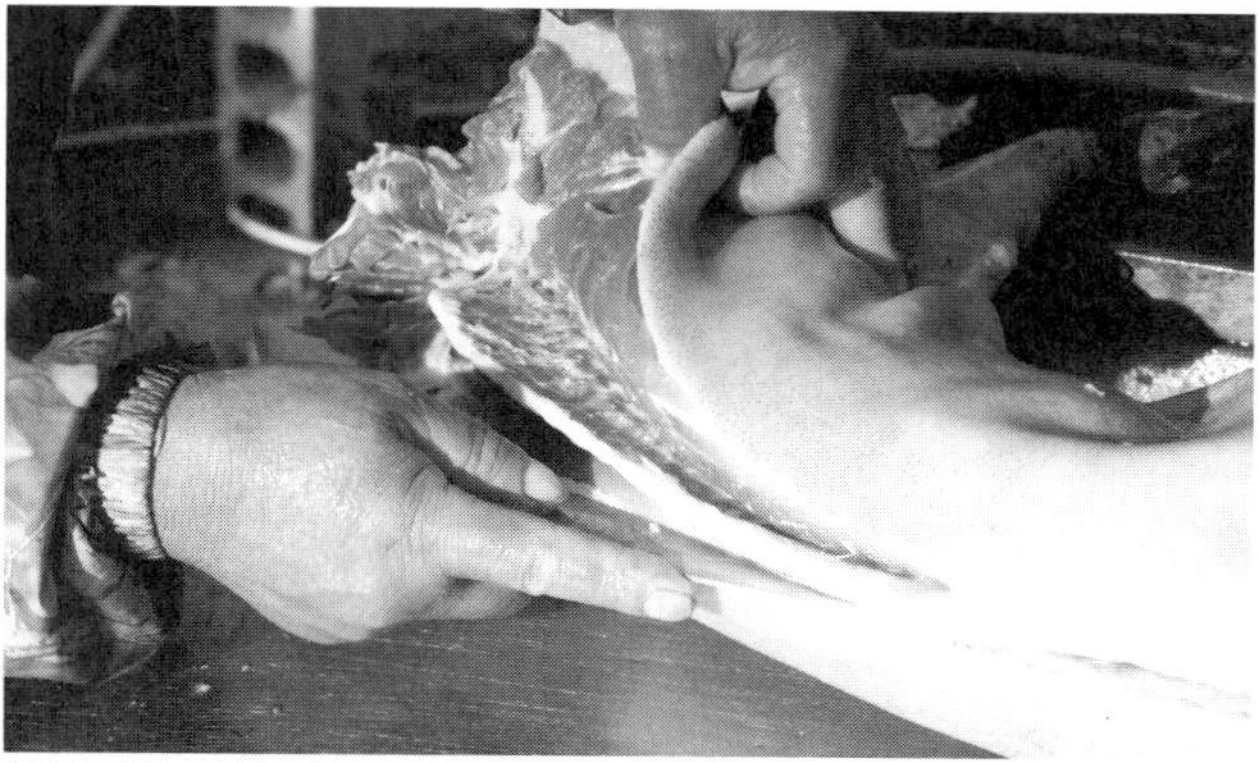

背骨に沿って切り込みを入れていく。背割りは珍しい解体方法である。私はほとんど見たことがない

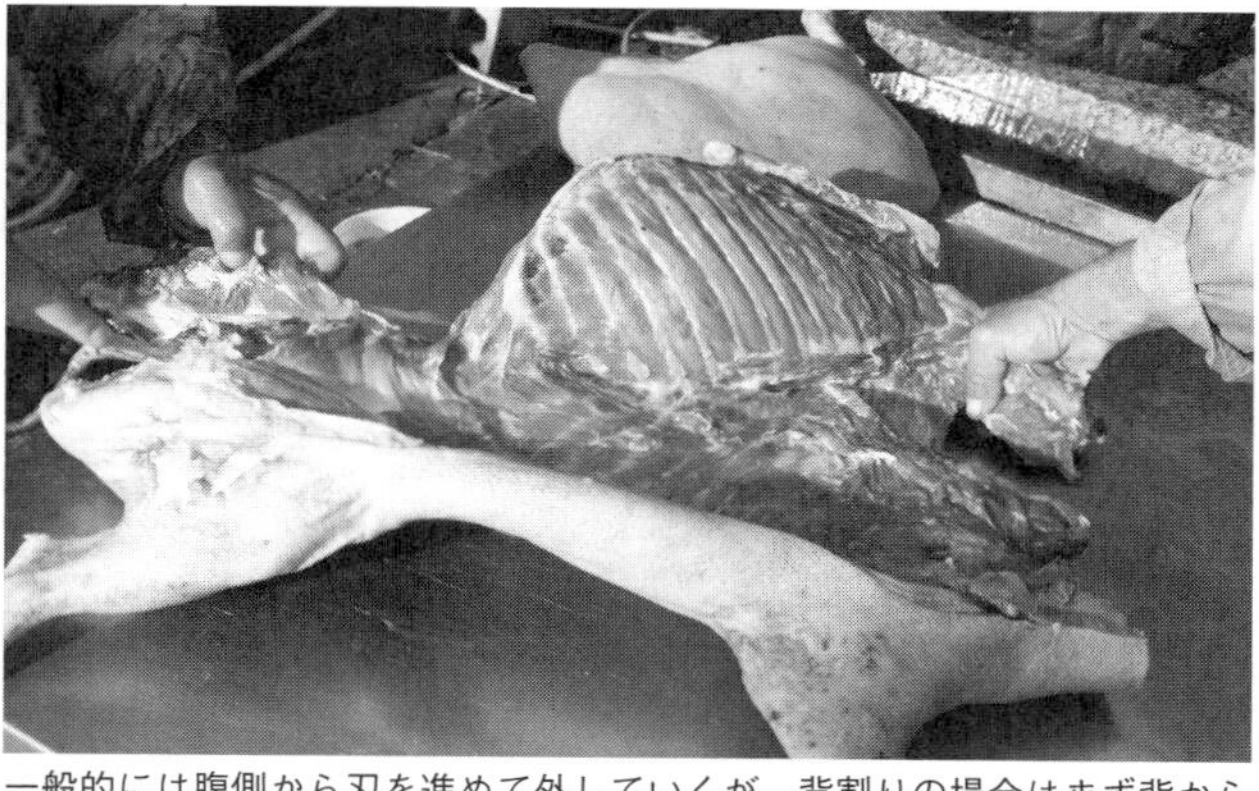

一般的には腹側から刃を進めて外していくが、背割りの場合はまず背から半分ずつに肉を分ける。スピードを優先した解体方法かもしれない

手斧で背骨から肋骨をバンバンと小気味よく外していく。葉っぱのように広がったあばらは、綺麗で美味しそうである

ベロンと骨の外れた半身には、まだ脚が付いている状態だ。これも珍しい光景だ。ここから各部位に切り分けていく

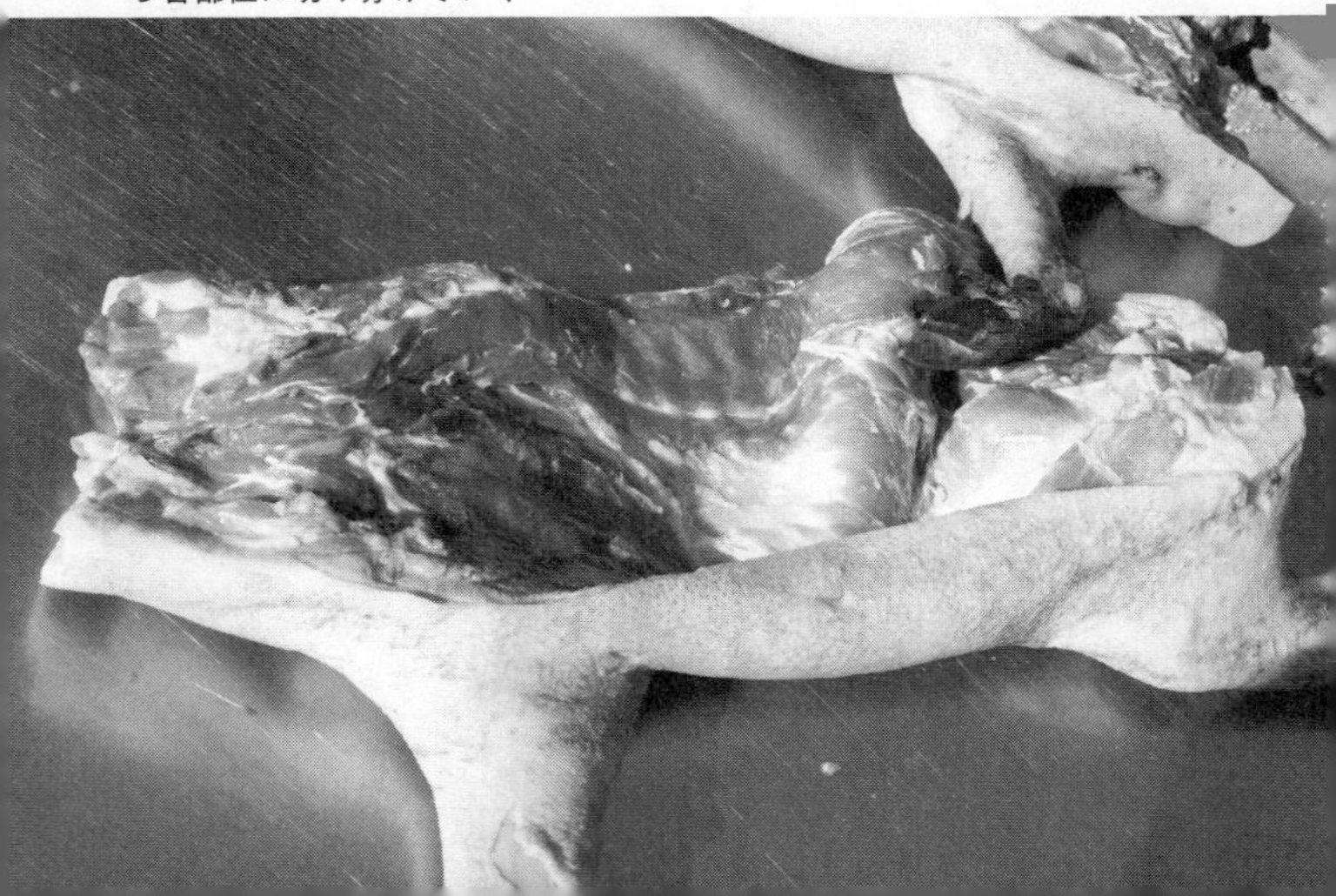

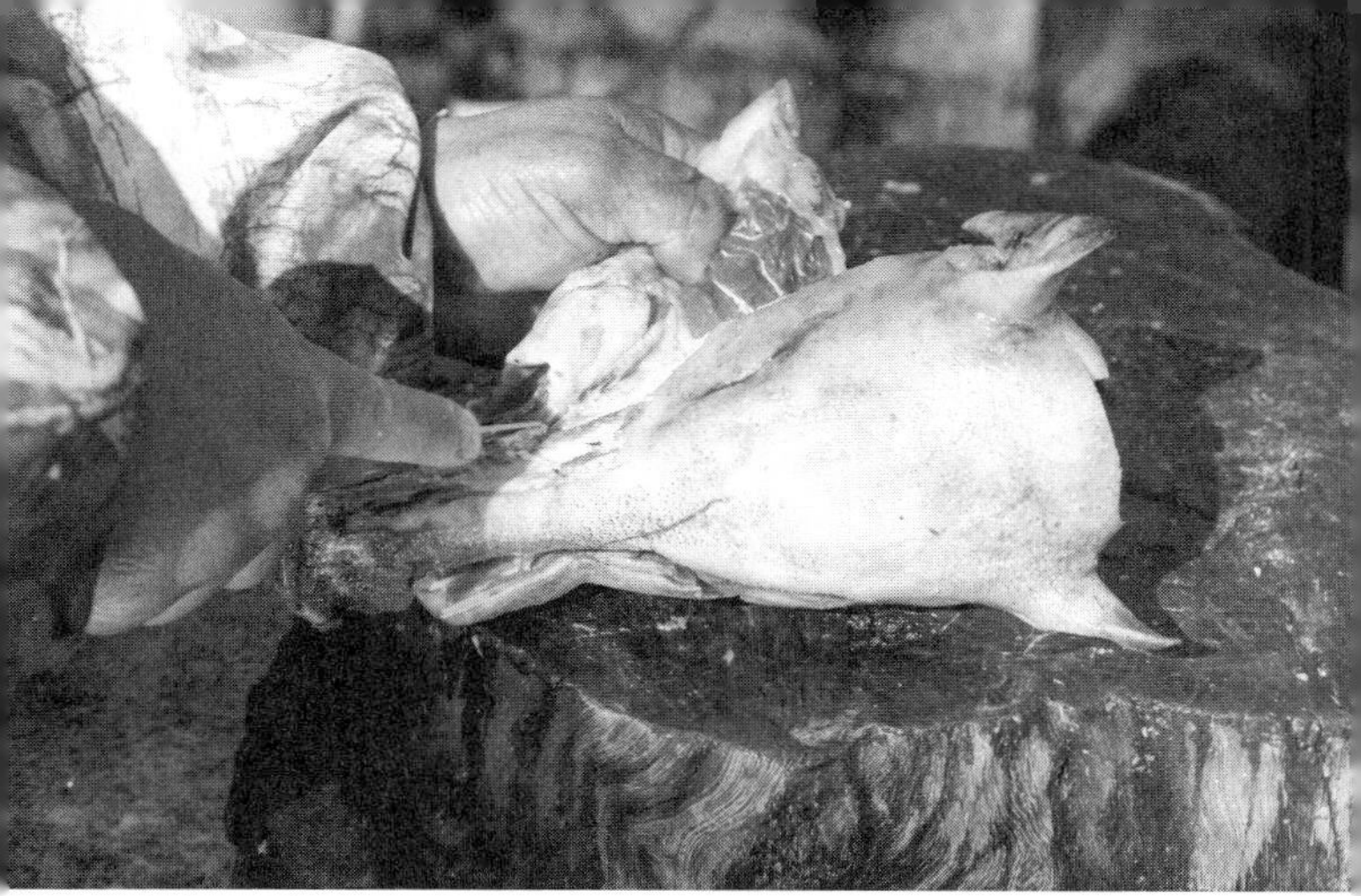

沖縄では市場に行くと、豚の頭が売られている。カマイの頭も同様に美味しい食材である。丁寧に肉を取っていく

内臓や血も、カマイ料理には欠かせない材料である。蹄(ひづめ)はさすがに食べられないので、犬のおやつとなる

野菜たっぷりカマイたっぷりの贅沢な炒め物。このカマイチャンプルーも獲った人が食べる料理である

カマイの心臓とレバーは、ただ茹でただけでもご馳走になる。塩を付けて食べるその美味さは格別だ

八重山地方で食卓に欠かせないのは、やはりチャンプルーだろう。全国的に知名度が高いのはゴーヤチャンプルーだが、ここではカマイチャンプルー、カマイの炒め物である。カツオ系出汁で炒めるカマイと野菜のチャンプルーは嬉しい郷土食だ。

「青パパイヤを千切りにしてオオタニワタリを入れてチャンプルーにすると、これまた美味いよ」

ヤエヤマオオタニワタリは、シダ類で新芽は山菜として西表島では食用にされている。宿り木のようにして生えている変わった植物で、内側に新芽が出るという。それをジャングルで覗き込んでいると高田さんが怖いことを言った。

「その中はよくハブがいるから気を付けないと」

えっ！　それはハブない……。

茹でた心臓と肝臓はスライスして塩を付けて頂く。これが実にシンプルで味わい深く、かなりの美味である。カマイの汁もカツオ系出汁で言うことなし。西表島猟師のフルコースは森の恵みカマイを十分に堪能できる素晴らしい料理だった。

どうなる西表島

冒頭にお伝えしたように、西表島は現在、世界自然遺産への登録を申請している。登録を見越した開発の動きが早くからあるのは事実だ。地元では手広くリゾート開発を手掛ける企業の乱開発への警戒感は強いものがある。東京から2000km、台北まではわずか240km、そのような位置とマラリアの脅威、そしてアメリカの統治下に長年あったために奇跡的に残った貴重な自然である。その大切な財産は多くの人をこの島に引き寄せた。カマイ猟に参加した岸本さんも、関西地方からの移住者である。

「若い女の子がこの島で嫁に行きたいって言うのさ。驚きだよねえ」

高田さんがいう若い女の子とは、もちろん本土在住の人である。実際にダイビングやツアー等の観光産業で働く移住者の数はかなり多い。最初は客として訪れ、西表島に魅せられてそのまま居着いてしまった人も珍しくないのだ。確かに降り立った時の空気感の違いは決定的で、南の島独特のやわらかさが全身を包み込む。この魅力には抗いがたい。こうして移住した人が島の暮らしに触れて、本格的に島民になるのだ。その中で食文化の担い手も生まれる。カマイ猟だけではなく海での漁にも移住者が参加をする。これは特異なことだ。日本の現状では、ほとんどの中山間地ではひたすら人口が減り続け、集落の維持すら困難に成りつつある。子供どころか50代の人さえいない地区が現実に増えているのだ。それに比べれば、西表島は若い人たちが自然にやって来て、島の伝統文化の担い手になっている。これこそ奇跡的なことではないだろうか。この奇跡は島の自然が起こしたといっても過言ではない。

それなのにである。その自然を破壊する計画が進んでいる。実際に目にした光景では、不思議な道路工事が何カ所もあった。わずかに曲がった数十m間を直線にする工事は何の意味があるのか、よく分からない。農作業の車が日に数台しか通らないのに、やたら立派な橋が架かっている。そこはマングローブ林を切り開いてつくられた道で、この道そのものが真に必要なのかどうかも疑わしい。そして極めつけはダム建設である。カマイの罠猟のために入った森の中で真新しい杭が打たれていることに気付いた。

「それはダム工事の測量用さ」

高田さんの言葉に驚いた。そこは後良川の上流部から支流へと入ったジャングル地帯なのだ。そこに何の目的かは分からないが、取水堰をつくるらしい。信じられない。地図で調べると、ここにコンクリートのダムをつくるには、マングローブ林を４㎞ほど破壊して作業道をつくる必要があるのだ。これは大環境破壊そのものである。これ

西表島は川や海岸が自然の姿のまま多く残っている。ほとんどがコンクリートで固められた本土とは大違いだ

について私は後日、役場に事実確認のために連絡を入れた。すると担当者はあっさりと計画を認めた。

「あんなところにダムをつくるにはマングローブ林をかなり破壊することになりますが、反対はないんですか?」

「あります、反対運動はあります」

土建がすべて悪いとは私は思わない。しかしながら、土建のための土建が大切な自分たちの財産を破壊するのは大反対だ。ましてや西表島は貴重な自然があってこその観光資源であり、若者が流入する原動力となっている。日本各地の過疎地を見れば分かる通り、ダムを造っても橋を架けても高速道路をもってきても若者はいなくなった。地域振興に土建が不可欠なものではないことを証明している。それなのに、西表島では人を引き寄せる大切な資源を土建予算と引き替えにしようというのか。よく考えてほしい。土建で得られる収入はわずかな期間に過ぎないが、人を引き寄せる資産は末永く使えるのである。あのようなダム建設を許すなら、世界自然遺産への登録申請は見送るべきだと思う。西表島の島民のみならず貴重で大切な遺産を守る勇気を持ってほしいものである。

カマイと島民

カマイという呼称は、アイヌ語のカムイと語感が近い。ひょっとしたら同じ意味合い（神）から生じたのかと思ったが、現地の人に聞くと一笑に付された。

「米つくっている人からしたら、本当に憎たらしい存在よ。いまはあんまりつくらんけど、昔はパインをたくさんつくっておってね、それを奴らが食い荒らすのさ。いまでは米だけじゃなくてキビもやられるからねえ」

西表島は一時期マラリアの蔓延で無人島になった時期もある。マラリアが根絶されて本格的な農作業が行われようになると、今度はカマイとの戦いが待っていた。

「山のほうも川沿いには全部田んぼがあったんだよ。そこにはいまでもサガリバナが植わってるよ」

このサガリバナという植物はシシ垣の支柱用に先人たちが植えた名残りなのだ。カマイからいかに作物を守るかは島民にとって大命題だったのである。米農家である中新城さんにとってカマイは不倶戴天の敵、捕まえるのが生き甲斐でもあるのだ。幼なじみの高田さんと同じで、三度の飯よりもカマイを獲ることのほうが好きな人たちである。

今回、クルマで夜走っているとカマイがひょこひょこと出てきて急ブレーキを踏んだ。また昼間、田んぼに3頭のカマイが動き回っているのも見た。猟場では3日間で11頭のカマイが捕獲された。本土でこれほどまでにイノシシの気配が濃厚な所はあまりない。西表島はカマイの島といっても過言ではないだろう。

先に厄介者だと断言したが、島民に喜ばれる側面もある。それはおいしい食材としてのカマイだ。昔、カヤを焼いて毛をむしっているとそのにおいを嗅ぎつけて近隣の人が集まった。お裾分けを狙って泡盛を持参する人もいた。いまでもガスバーナーの轟音と香ばしいにおいに〝おっ、獲れたな〟とうれしそうにやってくる人も少なくない。カマイは島民の大切な食料でありアイデンティティの一部でもあるのだ。

秘境の村のイノシシ猟

椎葉村
（宮崎県東臼杵郡）

民俗学発祥の地への道

日本で秘境と言われる地域は数々あれど、椎葉村《しいばそん》はその名に恥じぬ佇まいである。役人時代の柳田國男が数日間滞在し、後に著した『後狩詞記』（のちのかりことばのき）が椎葉村の名を全国的に知らしめることとなった。それゆえに日本民俗学発祥の地を名乗り、記念碑も建てられている。もっともこの発祥の地は岩手県の遠野市、兵庫県の福崎町や茨城県の利根町でも名乗っている。

椎葉村への訪問は今回が三度目となる。ただし猟期は初めてだ。空路で入り熊本空港でレンタカーを借りると、阿蘇山の南へと回り込んでいく。県境付近からは、遠くに見える山々が白く雪化粧しているのがはっきりと見える。レンタカー会社で目的地が椎葉村だと告げるとチェーンの携行を勧められた。私は同じ九州の出身であるが、雪にはほとんど縁のない長崎県人である。九州にもスキー場があることくらい知ってはいても、それは人工スキー場で周りに雪があるとは思っていない。しかし……峠を登るに従って気温は下がり続け、宮崎県の五ヶ瀬町に入ったところで目の前の道が真っ白になった。

川から一気に駆け上がる集落。その向こうには1600mの山々が控え、隠れ里の雰囲気だ

「これは無理だろうなあ、チェーン付けるしかないか」

伊達に20年も秋田県の阿仁へ通い続けているわけではない。さすがに雪道には慣れているが、それはスタッドレスタイヤを付けてのことだ。タイヤチェーンを装着したのは遠い昔である。できればチェーンは遠慮したかったが、こうなっては致し方ない。雪交じりの風の中で慣れないチェーンと戯れることにした。

15分後、装着完了。1本目は少し手こずったが、2本目は簡単だった。これは慣れれば10分とかからないだろう。最近のチェーンは実によくできていると感心しつつ、国見トンネルを抜けると景色が一変した。雪は皆無、山にもほとんど雪は見当たらず完全な乾燥路面なのだ。チェーン取り外し！　走行時間わずか5分。クッソー、あの寒風の中の15分を返せ!!

若きベテラン猟師

椎葉村は周りを1600m級の山々に囲まれ、平坦な地がほとんどない。〝村の大きさは壱岐より遙かに大きく隠岐より遙かに小さい。而《しか》も村中に三反と続いた平地も無く〟と柳田國男が書いた通りの地勢である。古くから急斜面を切り開いての焼き畑農法が行われてきた。現在では、尾前地区一カ所でのみ焼き畑は行われている。

尾前地区は、役場のある上椎葉地区からさらにダム湖沿いの道を奥へ進んだ所にある。大型車どころか普通車とのすれ違いも困難な道幅が続き、地図で見るとほとんど道がない。カーナビはいくら設定しても該当する所がないと言い張る始末。そういえば、以前来た時もカーナビが途中から完全沈黙をしてしまったことを思い出した。ここはカーナビが働かない場所なのだろうか？

人に尋ねようにも、肝心の人影が見当たらない。20分ほどさまよって、ようやく見かけたのは後ろに犬を積んだ猟師仕様の軽トラだった。銃を手にして無線に聞き耳を立てている地元猟師に道を教えてもらい、尾前地区に何とか入ることができたのである。

尾前地区は人家も多く、思っていたより開けた所だった。中央を流れる尾前川に沿って、山へ向かい畑や家が段々に連なっている。明治8年開校の尾向小学校はほぼ集落の真ん中にあり、そのすぐ横に取材先の椎葉猟師、尾前成一さんが住んでいた。取材当日まで電話でしか話したことがなく、どのような人かまったく分からなかったが、会ってその若さに驚いた。まだ42歳、私より一回り以上年下である。しかしながら20年の猟歴を誇り、地元でも名人の部類に入る人なのだ。狩猟関係ではるか年下の人が取材対象者になるのは珍しい。全国どこへ行っても猟の取材は年上か、せいぜい同年代止まりだったからである。

尾前川を見て思う

「私んことより、犬ばちゃんと載せてほしかですねえ」

集落を抜けて猟場へ向かう林道をガタガタと走りながら、尾前さんはぽつんと言った。どちらかというと寡黙なタイプらしい。

「雪が降ったけん、今が猟ばすんには一番よかじゃなかかな」

雪？　こう言われて辺りを見ても、それらしいものは見当たらない。昨日、椎葉村へ入った時もどこにも雪はなかったが……。

眼下に見える川の流れに目を向けると、これが素晴らしい美しさなので驚く。北東北の奥山の流れとはまた一味違う清冽さで、心なしか青みがかって見える。

「これは綺麗ですね」

「そうでしょ、尾前川は釣りでん有名か所なんです」

尾前さんが言うとおり、九州の渓流釣りではトップクラスの川で、釣り師憧れの場所らしい。ヤマメ（エノハ）は50㎝クラスの主が潜むくらいに川が豊かである。泊まった民宿には、サケかと見間違うほどの大物の写真が飾ってあった。

「ここんアユが最高に美味かとですよ。　球磨川のアユは大きかけど、味は断然、尾前川のアユが美味か。　西日本で一番のアユやって言われとるけんが」

ネットで検索すると、確かにヤマメとアユは評判がいい。しかし、もう一つ尾前さんのお勧めがあった。

「フナたいね。ここんフナがまた美味かとです。刺身にしたら最高たい」

わざわざ遠征に来る釣り師がフナを釣ることはあまりないだろう。地元の人が太鼓判を押すフナは格別なのかもしれない。

大抵の人はフナの刺身と聞いて驚かれると思う。淡水魚の生食は基本的に安全とは言い切れない。それでもコイのアライ、イワナやマスの刺身は旅館等の膳に上る場合がある。しかし、フナの刺身となるとほとんど見かけないのではないだろうか。

余談であるが、私は以前なま温かいフナの刺身を食べたことがあり、あれは結構怖かった。宍道湖沿いに友達が住んでいて、その爺ちゃんが投網を打つというので付いていった時のことだ。向かったのは宍道湖ではなく田んぼの横の用水路、そこへ網を打つと数匹のフナを手に入れた。それを家に持って帰り、井戸端で捌いて糸引きにする。そこへフナの腹を絞って魚卵をじゅるるるっと掛けて〝さあ食え〟と差し出された。ほとんど活きづくりに近い新鮮さであるが、何と言っても目の前の用水路のフナである。おまけに真夏。これを食べることは果たしていいのか……結局出されたものは必ず食べるというポリシーは曲げられず、頂いた。ショウガ醤油で食べる魚卵マブシのフナは、美味しいというより温かいなあというのが正直な感想である。真夏の用水路にいたフナだから当然なのだが、後にも先にもこれほど戦々恐々としながら食べた刺身はない。

猪センサー反応せず

そんなことを思い出しながら林道をひたすら登っていくと、辺りの景色が変わってきた。落葉広葉樹林が広がり、雪がだんだんと目に付くようになる。遠くの山は完全な真冬の様相で、それが東北の山の景色とあまり変わらない。さすがは１６００m級の山々である。九州にこれほど寒々しい山の姿があるとは思わなかった。

「居れば車から吠ゆっけんが」

５匹の犬がこの軽トラの荷台には収まっているが、彼らの猪《しし》センサーはまだ何も反応していないようだ。

「イノシシのおらんねえ、シカばっかいんごたる」

尾前さんは林道を進みながら獲物の足跡を見ている。新雪が積もった斜面は足（跡）を見るには絶好の条件なのだが、目立つのはシカの足跡ばかりで肝心のイノシシは気配がない。

「山が変わってしもうてですねえ、昔はササがたくさん生えとったとですよ。シカが増えすぎて、そいば全部食べてしもて」

豊かだった森の下草をシカが根こそぎ食べた結果、保水力が低下して雨のたびに表土が流出する事態になった。これは20年以上前からで、これによって山の状態はかなり変わってしまったそうだ。山の変化については古老も同じことを言っている。あまりの山の変わりようは非常事態ともいえる有様で、行政も重い腰を上げざるを得なくなった。本来ならば鳥獣保護区に指定され、狩猟が禁止されている地域での有害駆除を決断したのである。もちろん有害駆除なので、行える人は地域の限られた人のみである。

犬は動き、わが身は動かず

「おるかどうかは分からんけど、入れてみましょかね」

尾前さんは、一旦軽トラをUターンさせると林道の支線へと入り込んだ。あいかわらず足跡はシカばかりのようだった。

車を降りるとさすがに寒い。風がなくてもこれだけ寒く感じるのだから、気温は氷点下に近いのかもしれない。寒さに震えながらも荷台から下ろされた5匹の犬たちは、全身からやる気をみなぎらせている。しかし、入れ込んで鳴き騒ぐことはなく、静か

地元の人が日本一と賞讃する尾前川のアユ。確かに薫り高く、身が締まっていて実に美味しい。看板に偽りなしの、まさに名品である

尾前川の清流。九州にもこれほど清冽な流れがあるとは知らなかった。青く澄んだ流れは、実に美しい

軽トラに乗れば、すぐに犬のスイッチが入る。イノシシがいれば、どこでもただちに追う準備ができているのだ。こうして顔を突き出すのも、そのにおいや気配を探っているのだろうか

に尾前さんの周りを駆けながらあちこちで脱糞。身を軽くしてからイノシシを追おうという、これが犬たちの準備なのだ。

斜面を登り始めると、すねの上まで長靴が雪に潜り込む。前を見ると、雪山を進む尾前さんの姿が阿仁マタギと重なった。まさか宮崎県でこんな景色に出会うとは驚きである。完全に雪山の猟なのだ。しかしもっと驚くことが起こった。20分ほど急斜面を登って尾根道に出たが、そこで体が急に動かなくなった。登っている時も足がまったく上がらずに妙だとは感じていた。普通は尾根道に出れば回復して進めるものだが、今回はまったく違う。いきなりガス欠状態に陥ったのだ。足がまったく動かない。

「これは何だ？　なんで動けないいんだ？」

自分なりに理由を考える。長年使用した山用のスパイク長靴に穴が開き新品に替えたばかりだが、それのせいか？　あまり使用したことのない強烈な締め付けのパワータイツをはいているせいか？　それとも続いた猟関係の取材疲れか？　それともただ歳のせいなのか？　元来体力に自信はまったくないが、それでも片道3時間まではなんとか付いていくことができるはずだ。それが20分で完全に壊れてしまった。

静かな尾根を吹き抜ける風が、熱くなった体に心地いい。しかし気持ちは、この異常事態に穏やかではない。少し無理をすれば尾前さんに付いていけるかもしれない。

しかし、そこで動けなくなっては迷惑を掛ける。猟の途中でそれは避けたい。一番重要なことは獲物を獲ることなのだ。

倒木に腰を下ろすと、犬たちが探索しているであろう方向に目を向ける。雪に反射する日の光が眩しく辺りを照らす。

犬対猪

〝ウオオォ～ン、ウオオォ～ン〟

来た！

森の静寂を打ち破る犬の鳴き声。これは間違いなくイノシシを見つけて追い始めた証だ。じっと神経を集中して耳を澄ます。

〝ブィ～ッ、ビィ～ッ〟

ちょうど私がいる尾根の右下斜面からイノシシの鳴き声も聞こえてきた。犬の咆哮とイノシシの絶叫が少しずつ左方向へ移動するのが分かる。そして数秒後、イノシシの声は聞こえなくなった。

「獲れたな」

九州で驚きの雪景色である。広葉樹の森が雪に覆われて、まるでマタギの里と見間違うほどである

林道を進みながら足跡を探すが、なかなか見つからない。イノシシは一体どこに潜んでいるのか？

左）シカの足跡。気が付けば、そこらあたりに無数にある。右）においを取ったのか、凄い勢いで走り出す犬たち。ただこの時点では、確実な証拠はまだ何も見つかっていなかった。頼んだぞ！

たまには、カンジキが必要なくらいに雪が降る。当然、気温もかなり低下する。"南国宮崎"とはほど遠い光景だ

咬み止めた犬に尾前さんが追いついてトドメを刺したのかどうかは分からない。しかし犬がそのまま吠えながら移動していないことからすれば、獲物は獲れたはずである。声のしていたほうへ斜面を駆け下りたいのはやまやまだが、いかんせん体がいうことをきかない。完全に追跡をあきらめ、もときた尾根道を降りることにした。

ゆるゆると明るい森を下りながらよく見ると、辺り一面に足跡が付いている。大きさからしてシカのようだ。登る時は前ばかり見ていたので気が付かなかったのである。途中、シカが縦横に走り回った足跡とさきほど自分が登ってきた足跡と一瞬混同して、危うく違う方向に行くところだった。それでも何とか軽トラまで辿り着くとほっとする。初めて入る山を一人で歩くのは心細いものだ。

小一時間ほどして尾前さんと合流、そこから仕留めたイノシシを回収に向かった。林道脇に置かれたイノシシは2頭、1歳程度の雌雄である。

「まだイノコたい。こいで親が獲れればよかったけど、母親は先に逃げてしもて」

イノコとはイノシシの子供のことである。山の中を家族で移動中に犬に追われて母イノシシは先に逃げてしまったらしい。場合によっては母イノシシが犬と戦い、まずそれを仕留めてから逃げたイノコを追うと3頭獲れる可能性もある。箱罠の場合でも同様のことが起こる。警戒心の薄い子供が先に入り、餌を食べる。その様子をしばらく見た親が今度は安心して箱罠に入り、一家捕獲されるのだ。このようにイノシシは一度に複数獲れる場合がある。

集落へ戻ると、さっそく解体の準備が始まる。手伝いの若い衆に連絡を入れると、尾前さんはまずは暖を取るための火を起こす。解体、料理、そして宴会もここではすべて外で行われるから、火は必須なのだ。やって来た若い衆はバーナーを手にしてイノコの表面を焼き始める。毛を焼きながら刮ぎ落とすやり方は西表島と同じだ。しかし毛がなくなったイノシシの姿はまったく違う。西表島はつるりと綺麗に丸剝げなのに対して椎葉村は傷だらけ、いや傷どころか目の前の雌イノコは前脚が根本からない。体全体に付いた傷は、もちろん犬にやられた跡である。そして前脚も犬に食いちぎられたのだ。さすがにここまで傷が付くと商品価値が少なくなる。だから、犬が獲物を咬み止めたらなるべく早く行って静止する必要があるのだ。

「太かイノシシなら向かってくっけん、犬が切らるっこともあっとですよ」

ナイフのような牙で反撃をする大物の雄は、犬が束になってかかっても簡単には止めることができない。犬が何十針も縫うような手酷い傷を負うことも珍しくない。犬とイノシシは命がけで戦っているのだ。その犬たちは軽トラの荷台に積まれたままだった。ケージの中に藁が敷き詰められていたのは、ひょっとしてこのまま寝床にな

仕留められたイノシシ。雌雄2頭で、うり坊ではないが、まだ子イノシシである。私はこれぐらいのほうが好き

親が逃げなければ、一気に3頭捕獲の大猟である。そのようなこともあるから、自然相手の猟は面白い

前日仕留めた成獣。頭がザビエル状態なのは、犬が咬み止めた時に剝げたから。最初、何かのまじないかと思った

やはり狩猟の時期、火は最大のご馳走だ。心底冷えた体にじんわりと効く、何よりの薬である。あとはビール!!

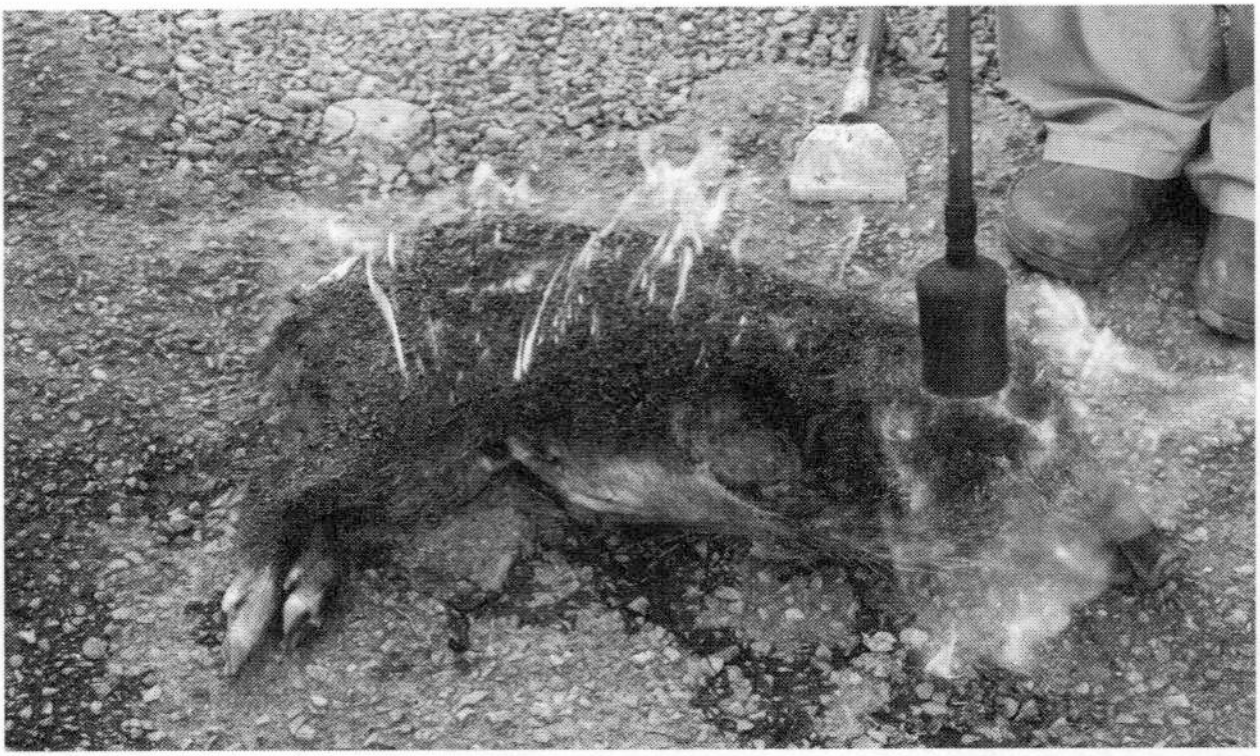

西表島同様に、バーナーの登場。九州はお湯を掛けて毛削ぎ包丁を使うとばかり思っていたから、意外だった

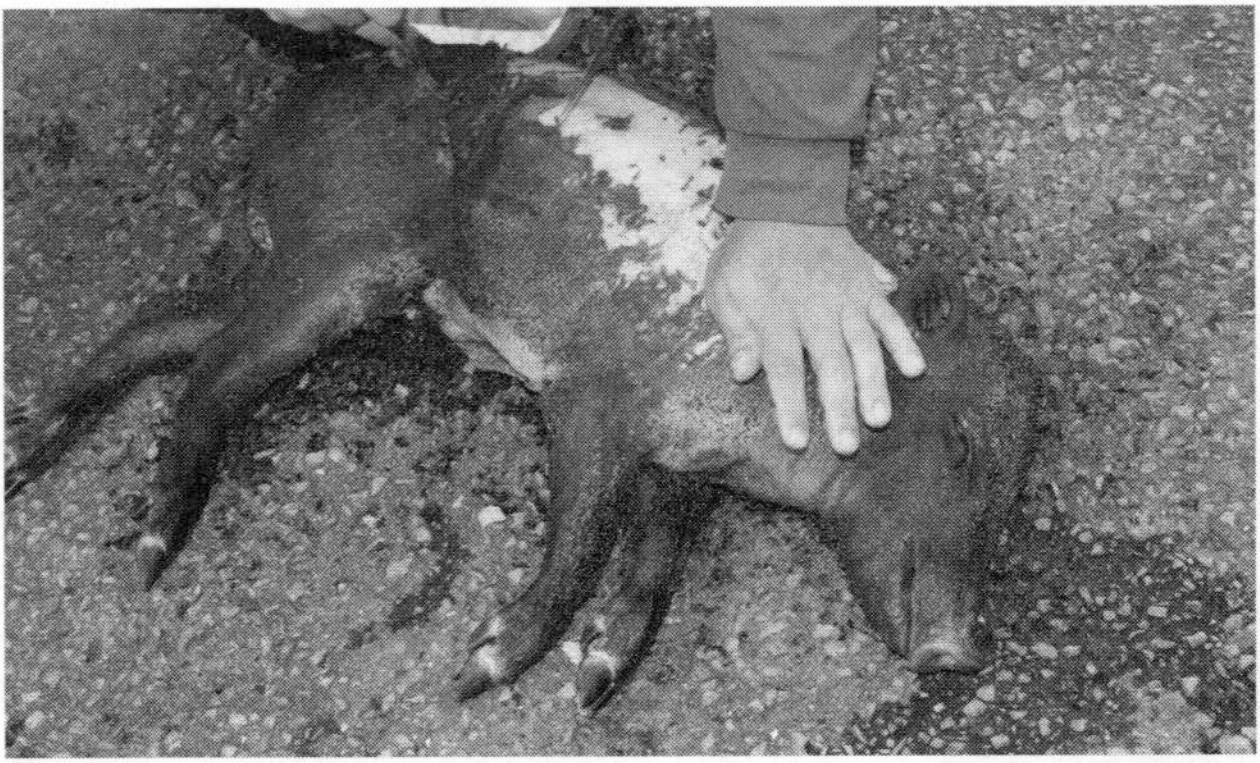

一気に丸焼きにするのではなく、少しずつ焼きながら毛を落としていく。焼き方は比較的浅いように感じる

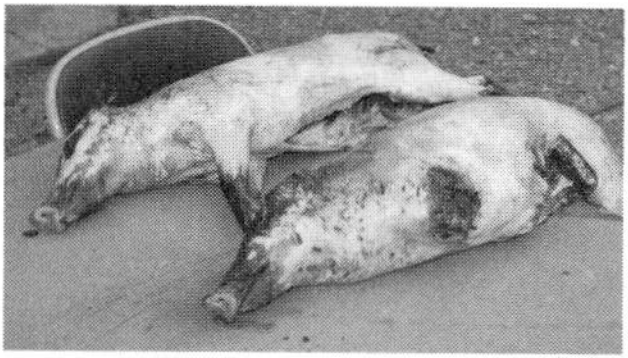

毛を削ぎ終えた子イノシシたち。これから本格的な解体に入る。犬の攻撃で、あちこちに傷が付いているのが分かる

イノシシが獲れた知らせを受けて、仲間が集まって解体を手伝ってくれる。これも、獲物が獲れればこその共同作業だ

一本一本、丁寧に肋骨を外す。肉を外す感じの西表島と違う、骨を外す感じである。非常に細かな手業である

肋骨を全部外すと、次に背骨を取り除く。ここまでくると、イノシシの開きのできあがりだ。イノシシ肉が一匹分、敷物のように広がる様はあまり見たことがない。解体の仕方は、地域や人によって違う

羽釜に入れられた骨。これを見ても、いかに解体が丁寧かが分かる。尾前さんの肉は近所でも評判

脂の付き方が実に見事である。ブナの実を食べてきた、最高級のイノシシならではだ。どんなブランド豚でも敵わない

るのだろうか。中をのぞくと5匹とも丸まって休んでいた。

毛削ぎが終わると解体台の上に移される。解体方法は腹抜きをして内側から骨を外していくオーソドックスなやり方である。食用に適さない部位は別の入れ物に投げ入れていく。これは犬へのご褒美となる。今回、内臓は現場で抜いてすでに犬のおやつになっていた。

解体は非常に丁寧である。特に骨を大事に外すのが特徴的だ。その骨はすべて大きな羽釜に入れておく。同じように羽釜にクマの骨を入れて、グツグツと骨鍋をつくったマタギの料理とよく似ている。このような共通点が見いだせるのは興味深い。それぞれの部位に切り分けると、手伝ってくれた若い衆へお礼の肉を差し出して解体は終了した。

イノシシを味わい尽くす椎葉村流フルコース

ここからは宴会の準備へと取りかかる。さきほどまでの解体台をきれいに拭き直すと、そこが宴会テーブルに早変わりだ。七輪を乗せれば寒空焼肉亭のオープン。

〝ジュッ！　ジュジュジュ〟

一口大に切ったイノシシの肉を網の上に乗せると、香ばしいにおいが煙とともに充満する。これにはおなかがぐぅ〜っと鳴き出す。塩胡椒をかけただけのシンプルな焼き肉を口に放り込むと、周辺の焦げた部分がこりこりっと歯に当たる。これがまた美味い。そして肉質のよさ、実に旨味が濃くて香りが鼻へ抜ける。

「椎葉村でも上のほうで獲ったイノシシは最高たい。上のほうはブナば食べよっけんが、美味しさが違うとです」

宴会に集った人は異口同音に言う。同じ椎葉村内でも、この尾前地区の山の上で獲れたイノシシは餌が違うから肉質が極上らしい。確かにクマもブナの実を大量に食べた時の肉質はまったく別格である。イノシシにもそれと同じことが言えるのだろう。

「刺身も美味《うま》かですよ。心臓とレバーは薄く切って食ぶっとです」

やはり生食もあったか！　ただ目の前にはないようなので少し安心、なにせ出されたものは必ず食べるポリシーなもので……。

「こいが味噌漬けです。イノシシもシカも味噌漬けにすれば美味《おい》しかですよ」

差し出されたのはイノシシの味噌漬けである。豚肉の味噌漬けのようなものか。

「食べてみて」

「？」

「いやこのまま食べてみて。美味しかけんが」

「焼かないでこのまま？」

「そうそう」

生涯二度目のイノシシの生食である。九州でも出るとは思わなかった。では頂きます……もぐもぐ……ああ、味噌の味が染みこんで柔らかくて美味しい。これはどのくらい漬け込んだのだろうか。

「一週間です。そいくらいせんと味の染みんけん」

シカも同様に刺身で食べるというから驚きだ。味噌漬けの刺身、これはキングオブ珍味に違いない。

焼き肉三昧のお次はイノシシの煮物である。味付けはすき焼き風で野菜がたっぷりと入って、これがまた非常に美味しい。寒空の中にどんと置かれた鍋から沸き上がる湯気が、ことさら美味さを演出する。実際、ここのイノシシは本当に味がいい。なんでも民放テレビの素材グランプリ的な番組では、みごと一位に輝いたこともあるそうだ。

いつの間にか軽トラのケージから出された犬たちが辺りをうろついている。よく見ると、心なしかみんな顔が似て優しい顔つきだ。これが、山の中では阿修羅の形相でイノシシを追いつめているのである。みんなご苦労さん。

尾前さんのお母さんである三七子さんがバットに入れて次に運んでくれたのは骨である。山積みされた骨は羽釜でグツグツと長時間煮込まれたものだ。椎葉村では骨鍋にするのではなく、骨そのものを大切に食べるための料理である。

「イノシシの骨引き言うてですね、奥さんが最初に食ぶっとですよ」

古老から聞いた話では、山の神である奥さんがまずは食べるのが慣わしである。それから集まってきた近所の人たちへ振る舞われる。これはハザシといって、たいそう喜ばれたそうである。マタギの集落でも似たような近所への振る舞いがあった。貴重なクマの肉は集落全体の喜びとなったのである。

「そのビンタのとこば喰うてみらんですか」

ビンタとは頭部のことである。差し出されたビンタは皿から溢れている。骨ばかりのようだが、食い付いてみると意外に肉が付いているではないか。煮込まれて手で簡単に割ることができるから食べやすい。しかしこの管のような紐《ひも》のような、何かよく分からないものは食べられるのか……もぐもぐ……食べられるようだ。ビンタをバリバリと割りながら中味をやみくもに頬張ると、少し柔らかな甘い部分があった。これはひょっとして脳みそか？　なにせ手元が暗い上にやたらと口に放り込んでいるから、

結構な厚切りのイノシシ肉。これが炭火の上でジュウジュウと焼けるのだからたまらない。見た目も香りも嬉しい

肉を囲んで食べるのが、地域の結束を強くする。飲んで話してそして食べて、明日へ繋がる

タライに入れられたイノシシの足に食らいつく犬たち。蹄の先を残して、ほとんどが綺麗に消費されたのである

野菜たっぷりのイノシシ鍋。これは西表島のカマイチャンプルーとよく似ている。肉と野菜はやっぱり相性がいい

さっぱり分からないのだ。

真っ暗な空間で火を囲んで酒を酌み交わし、イノシシを食らう。その周りには犬たちが寄り添い、おこぼれを頂く。

「そいばやれ！　そがん肉ば食わんちゃよかと、そのままやれ」

骨ばかりもらって、さすがに犬は飽き飽きしている。その様子を察知して、犬好きの人が肉を付けたままやれと言うのだ。人と犬が力を合わせて獲ったイノシシを、人と犬が同じ場所で楽しんでいる。このような光景が大昔から続いているに違いない。

焼肉や煮物が食べ尽くされた頃合いを見計らって、準備に掛かったのは猪《しし》粥である。これは、さきほどの骨で取ったスープをベースにしてつくる締めの料理だ。薄い塩味の付いたスープに米を6合とヒエを1合弱程度入れて炊く。もうもうたる湯気で中は何も見えないが、その香り高きことこの上なし。骨を出汁にしてヒエ粥を炊くとは素晴らしいアイデアだ。できあがった粥にネギを刻んで入れれば猪粥の完成である。

〝ずっずずず〜〟

美味い！　熱い！　美味熱い!!

これは凄い、これと類似したものは食べた記憶がない。この粥は間違いなくご馳走である。

「三七子さんの猪粥は最高やけんね。こん味ば、ちゃんと受け継ぐ人のおらんばいかんよ」

三杯目を食べながら皆がその言葉に頷いている。骨を齧り、肉を食べ、そして最後は猪粥を啜るのが椎葉村伝統のイノシシフルコースなのだ。特に最後の猪粥の美味さは抜群で、これを商品にすれば地域商品の売れ筋になる可能性が高い。

「骨は獲ったもんしか食べられんけん、そげんこたあせん」

一成さんはにべもないが、これが素晴らしい郷土料理であることは間違いがない。

椎葉村とマタギ集落

椎葉村に入った当日は、夜神楽の年内最終日だった。このことを知ったのは次の日で大変残念に感じた。夜神楽といえば高千穂が有名であるが、この椎葉村でも各集落ごとに11月から12月にかけて毎週末行われている。私は各地域の祭事に若干興味があって、時々調べている。それは伝統行事が地域の自然や農産物の生産と深い関係がある場合が多いからである。そして作法や信仰の伝播と時代の変化を考えると、そこに社会の何かが見えるかもしれないと常々考えているのだ。

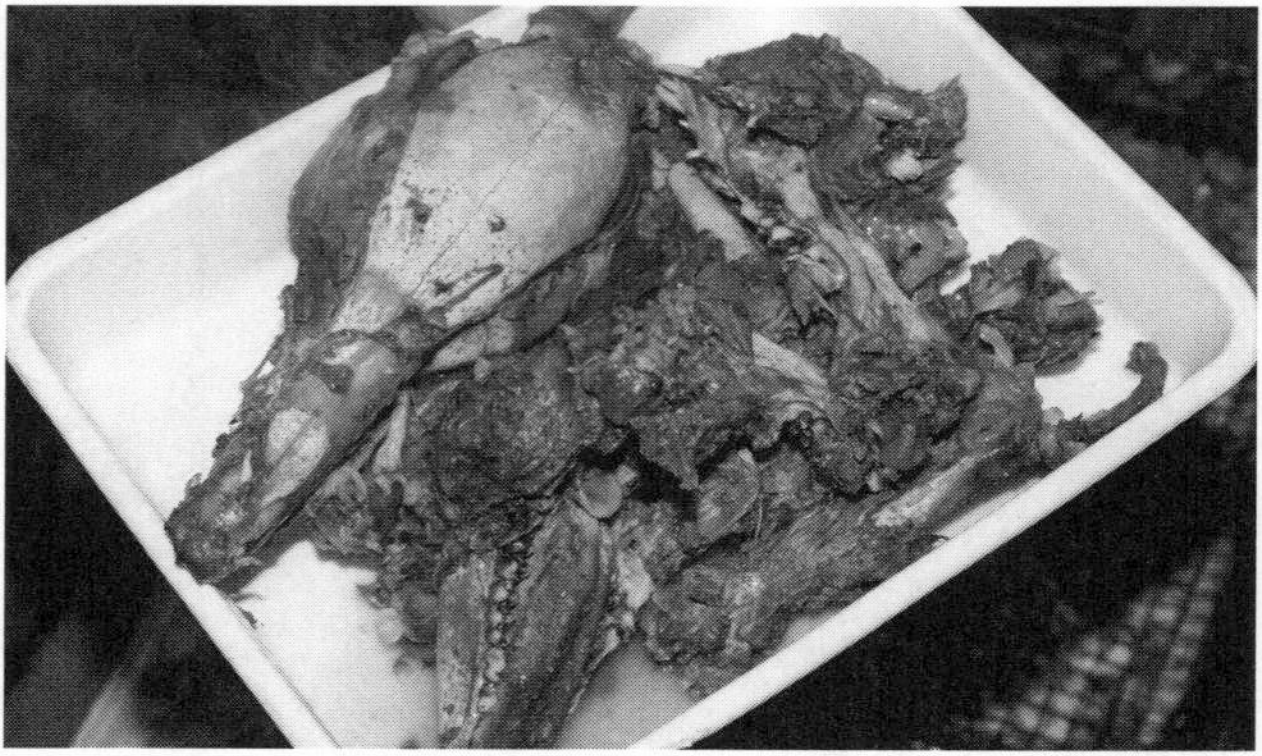

釜から出されたイノシシの骨。かなり肉が付いていて、これだけでもかなりよいつまみになる。茹でる時の塩加減が抜群

人の周りには犬がいる。犬の間に人がいる。まさに同じ釜の肉を食べる関係が、人と犬に太古の昔からあったのだろう

骨を取り出した後の釜で、
そのままイノシシ粥をつくる。寒空の下でもうもうと湧き上がる湯気で、
釜の中は見えない

絶品のイノシシ粥。残ったイノシシ肉が、そのまま粥の具材となる。このスープが素晴らしく美味しい。貴重な食である

椎葉村とマタギ発祥の地、阿仁には共通点が見受けられる。どちらも狩猟を地域の伝統として重んじてきた。マタギが『山立根本巻』という巻物を携帯したのに対し、椎葉村の『狩之巻』は平本で家に置く秘伝書である。マタギが山の神に捧げるモチグシ（心臓と肝臓と肉を刺したもの）と同様のものも椎葉村の猟師にはあり、ほかにもオコゼや呪文などに多くの類似点が見られる。この手のしきたりは古来日本全国の猟師や漁師、そして農民や職人にも等しくあったはずだ。それが、現在ある程度はっきりと残っているのが、九州の山間部と北東北山間部の狩猟関係なのだろう。

前述した神楽と似た、番楽というものが阿仁の根子地区にはある。番楽が神楽から派生したものであることは間違いがないだろう。東北地方の日本海側が番楽、太平洋側は山伏神楽等といわれて、もともとは神楽とされている。神楽は神を楽しませるための踊り、天岩戸に隠れた天照大神を引っ張り出すことで夜が明けるわけで、それはまさに夜神楽の世界そのものではないか。島根県の石見神楽は、なんといっても日本武尊のオロチ退治が最大の見せ場である。どちらも神話を元にしているが、現在の石見神楽は神への奉納よりは人に見せるためのお祭りの要素が強い。番楽は基本的に農村演芸で集まった人に見せるものである。その内容も神話ではなく曾我兄弟等の娯楽性が強く、鳴りものもテンポアップされ賑やかである。北にいくに従って、奉納から娯楽へと変化していったのだろうか。ネット上でこれらの動画を見比べると、その類似点と相違点が際だって興味深い。

マタギと椎葉村との決定的な違いは、フィールドそのものにある。秋田県中央部の阿仁地区は豪雪地帯であり、冬場は2～3ｍの雪に埋もれる。椎葉村の山は降っても数十㎝で、春遅くまで雪に閉ざされた空間ではない。何より違うのは狙う獲物であり、マタギはクマ、椎葉村はイノシシなのだ。

自身の生い立ちに関する伝承は、これまた共通点が多い。マタギ発祥の地である根子地区は源氏と平家の家紋が両方見られる不思議な所だ。なんでも源氏の末裔と平家の落人が住み着いたのが始まりということらしい。椎葉村は壇ノ浦で滅亡したはずの平家が九州の山奥深くに住み着いたという、元祖平家落人伝説の地である。追討の命を受けた那須与一宗高の弟、大八郎が落剝の平家を哀れんで鎌倉に討伐終了との嘘を吐き、そのまま住み着いた。そして平清盛の末裔の鶴富姫と結婚し、この地に農法を教えたという。つまり椎葉村も平家と源氏がその先祖だというのである。

山での作法は椎葉村が基本的には神道系であるのに対して、マタギは神仏混淆《こんこう》系である。マタギは柏手を打って真言仏教の文言を唱えながら山の神に祈る。この大本は山伏だといわれているが、番楽が山伏の布教活動の一環であったという説からすれば見事に一致する。椎葉村で唱えられるのは冒頭に〝こうざきさま〟が付き、安全祈願や獲物獲得への願いが語られるが、類似した文言はマタギにもあるらしい(もちろん〝こうざきさま〟はマタギにはない)。こういうことを考え合わせると、椎葉村のほうが古い形態の狩猟文化のように思われる。マタギは山伏の布教活動や都からのさまざまな知識が融合して特異な狩猟集団となったのに対して、椎葉村は基本的に個人なのである。

「今いるのはマタギでね、今いるのはみんなハンターだ!」

「今いるのは猟師じゃなか、今いるのはみんなハンターたい!」

どちらも両地区の古老の言葉である。もちろんこの古老たちが若いころは、同じように年寄りから言われていたのである。

命がけで獲った獲物が自分たちのみならず集落全体の喜びに繋がるのは、両地区の最大の共通点かもしれない。それを食らいながら飲む酒の楽しさ、そしてその量はどちらも引けを取らない。実によく飲むのだ。椎葉村の宴会は献杯方式で、これも古いしきたりではないだろうか。一人ひとりにコップはあるが、そのうちに一つのコップが人の間を行き来する。最初はコップを相手に〝ほい〟っと突き出すから酒の催促かと思った。しかし、それは俺の杯を受け取って酒を飲めということなのである。こうして酒を飲むと、コップを返して注いだり別の人へ回すのだ。現在のマタギではお互いに注ぎまくるからここは違うが、その酒量はどちらも私にはとてもついていけない。

「ここの人間はさ、日本で一番美味いものを食うとると思うよ。キノコも魚も、そいにイノシシも」

尾前一成さんの言葉だ。この自負が故郷に住み続ける最大の原動力なのかもしれない。とはいっても、小学校の時の同級生13人のうち地区に残るのは3人である。比較的元気な尾前地区も現実は楽観できる状態ではない。そのようななかでも若い人たちが狩猟の世界に入り、それが伝統の食文化継承に役立っているのは心強い限りである。

柳田國男と椎葉村

日本民俗学発祥の地を名乗る椎葉村、その理由はもちろん柳田國男が最初の著作でこの椎葉村を扱ったからである。処女作『後狩詞記』は翌年発表される『遠野物語』と違い、一般的な知名度はかなり低い。知らない人のほうが圧倒的に多いが、柳田民俗学の記念すべき第一作であることに間違いはないだろう。

『後狩詞記』は、そのタイトルからしてもさぞや狩猟に関する記述が多いのかと思っていた。実際に目を通すと、前半20ページはなぜ自分が椎葉村に閃きを感じたかということが綿々と書かれている。米をほとんどつくらない急峻の地で、そこに残るさまざまな文物がいかに魅力的であるか、椎葉村の地理的要因等を説明しながら発刊の理由を述べている。山の民にとって秘事であったことも今では歴史であり、それを私が世に出そうという意気込みが感じられるのだ。

この前半部分で最も気になったのは14ページの記述である。

「村に伝えられる椎葉山根元記に依れば那須氏の惣領が延岡の高橋右近大夫（１５８７～１６１３）の幕下に属しておった時代に椎葉の地頭へ３００挺の鉄砲が渡された」

「寛延２年の書上を見ると村中の御鉄砲４３６挺。一挺に付き銀一匁の運上を納めている」

なぜ山中の農民にこれだけ多くの銃が貸し与えられたのか、そんな疑問もその答えもここには見当たらない。庶民から刀が取り上げられる時代になぜ先端の武器である銃が渡され、対価として銀を納めさせたのか。農民はその銀をどうやって稼いだのか。推測すれば山の獣を狩り、それを商品化して銭に替えたのであろう。しかし、それが一体どういう形だったのかは分からない。

もうひとつ気になったのは柳田の狩猟観である。山に入り獣を狩るのは勇敢な武士にしかできないことで、狩猟は武士の楽しみであると考えている。〝殺生の快楽は酒色の比ではなかった〟というくらいで、そのため山奥に住むことも苦ではないと柳田は記す。そして狩猟方法は巻き狩りで、弓は侍大将の持ちもの、鉄砲は足軽中元に持たせるものだと説く。つまり、狩猟は地元の人間が食べ物を得るための行為であるとまったく考えていないようなのだ。食べる話はほとんど出てこない。実に不思議である。狩りの楽しみが正に殺生のみと考えた理由は、一体なんだったのだろうか。

柳田が椎葉村に滞在したのは明治41年の7月13日から18日までのことだ。恐らく梅雨が開けるかどうかというタイミングである。もちろん、この時期は猟期ではない。つまり、実際の狩猟の現場や解体、そして料理はまったく見ていないのだ。伝承の聞き書きと資料収集こそが最も重要と考えるならば、実際の現場へ足を運ぶことなど不要と思ったのだろうか。実際に柳田はこの後二度と椎葉村を訪れてはいない。

現在の椎葉村では、巻き狩りはほとんど行われていない。シーズン最初に猟友会の共猟という形でのみ行われ、基本的には犬を使った個人猟が中心だ。複数で行う時は親、兄弟、親戚関係と動く場合が多く、それでも二人で山に入る程度である。人海戦術で獲物を追う巻き狩りとはまったく方法が違うのだ。柳田が言うような巻き狩り中

ダムから見た椎葉村。点在する家々の間がかなり離れている。一見すると不便極まりなく見えるこの環境こそが、古くから人が暮らせる資源であったのだ

心の集落から、椎葉村はいつ変化したのかが謎である。それとも犬や罠を使った猟の存在をあえて無視したのだろうか。

『後狩詞記』には罠猟についても若干記載がある。44ページに「罠にて猪を捕るは昔より小民の業にて鉄砲を持つものは之を軽んしめるをれり」と注釈が付けてある。前述した通り、柳田は狩猟を武士の嗜みのように思っていた節がある。合戦さながらに侍大将が下地を飛ばし、足軽雑兵どもが追いつめた獲物を討ち取るのが狩猟の本来であると考えたようだ。当然、罠を仕掛けるのは卑怯な振る舞いとでも思ったのだろう。

現在の椎葉村では罠を仕掛ける猟師は少ない。しかし、それは何もこの柳田の論調に従ったからではない。山中を縦横に犬が走り回る猟では、罠に犬が掛かる危険性があるからだ。犬を中心に猟をする椎葉村の猟師たちが罠を仕掛けないのはこのためである。

山中のシカ肉のレストラン

宇目
（大分県佐伯市）

中原にシカを追え

シカとイノシシは日本を代表する狩猟獣である。両方とも個体数が多く、1頭から取れる肉量も期待できるから、猟師にとっては昔から嬉しい獲物だった。一方で、シカはしばしば神の使いとして描かれる。阿仁マタギは巻物の文言から日光派といわれているが、その由来はマタギが助けたのが白鹿に身を変えた日光権現であったからだ。アニメ映画『もののけ姫』では、シカの姿でシシガミが現れる。奈良では神聖な生き物として殺生は固く禁じられてきた。といってもそれは地域限定の話であって、古代から今に至るまで日本人は広くシカを食べ続けている。しかし、残念ながら現在ではシカは厄介者扱いで、駆除の対象としか見なされていない。

奥日光におけるシカの食害が問題になったのは昭和60年の初めである。下草や樹皮を食べ尽くすシカが、山を荒らす元凶として取り上げられた。宮崎県の椎葉村の猟師から聞いた話では、シカによる奥山の食害もほぼこれと同時期に始まっているが、単なる偶然だろうか。シカによる農林業の被害は甚大で、莫大な補助金を出して駆除をしているが、あまり成果は上がっていない。

集落の田畑は、獣除けのフェンスで囲まれている。道路と家の周り以外をほとんど囲み、圧迫感がかなりある

シカは偶蹄目のシカ科に属する。日本本土に広く生息するが、特別天然記念物のカモシカとは種類が違う（カモシカは偶蹄目ウシ科）。古のマタギが狩猟の対象にしていたのはこのカモシカであり、彼らは〝アオジシ〟と呼んでいる。このシシという名称は、古来山の肉の一般的な呼称であったそうだ。イノシシやシカ、そしてカモシカも総称してシシと呼んだのである。有名な岩手県の「鹿踊り」の読みが、シシオドリであることからも分かるだろう。

一般的に、生物は北に行くほどその個体が巨大化する傾向がある。国内のシカでもそれは同様で、北海道のエゾシカは150kgを超える大物も確認されているのに対して、ヤクシカは40kg程度なのだ。以前、長野県の川上村で獲ったシカは100kgを優に超える個体で、地元では八ケ岳系と呼ばれていた。北海道に次ぐ屈指の寒冷地の八ケ岳は、シカも巨大化させるらしい。シカとイノシシの獲り方は基本的に同じである。巻き狩りか罠猟となるが、猟師が獲れて喜ぶのはやはりイノシシだ。ただ、それほどにシカがまずいのかというと、決してそのようなことはないのである。

地産地消

大分県の山中に「RYUO」という猟師レストランがある。ここのオーナーであり、ベテラン猟師でもある矢野哲郎さんの罠猟を見にいった。

RYUOは大分県佐伯市宇目の山中にある。国道から逸れて集落を抜けレストランを目指すが、途中にはワイヤーメッシュで張り巡らされた田畑が目立つ。それほどに人と獣の距離も近く、当然農業被害も深刻なのだ。レストランRYUOは、そのような集落の最も山寄りに位置している。

「罠で獲る技術が年々上がってきたから、銃は手放したんですよ」

日当たりのいいテラス席で、周りの山を眺めながら矢野さんが言った。一般的に罠猟は簡単で、その上に散弾銃、そして最上級がライフル銃での猟と思われがちだ。実際に行政が有害駆除を農家に勧める場合は、ほとんどがわな猟免許の取得である。矢野さんは地元でも腕のいい猟師で、当然ライフル銃も所持していた。

「巻き狩りもやりましたけどねえ、一日中大勢で山の中をあっちじゃないこっちじゃないって走り回って、結局何も獲れないときもあるんですよ。無駄が多いでしょ」

確かに矢野さんが言う通りの現場を、私も何回か経験したことがある。林道や農道を無線で連絡を取り合いながら縦横に走り回る。朝から晩まで一日中走り回って、結局獲物の姿さえ見えない。考えれば確かに、これでは非常に効率が悪い。現在矢野さんが罠を仕掛けるのは全部自分の山であり、そこからイノシシやシカを毎年数十頭手に入れている。その獲物がレストランで消費されるのだから、最も理想的な地産地消といえるのではないだろうか。

実際に現場へと行ってみると、これが実に近い。巻き狩りの場合は遠いと猟場まで片道2時間近く掛かることもあるが、ここは家からわずか5分程度なのだ。とにかく近い。軽トラに乗って林道へ入ると、すぐに横の田んぼで仕事をしていた人から声を掛けられた。

「シカの掛かっとるよ」

レストランのすぐ裏は山である。そこに獲物もやってくる。これほどの地産地消は、なかなか珍しい。素晴らしい環境である

静かな環境で明るいレストラン「RYUO」である。静かな環境で明るい店内、そして美味しいジビエが人気だ

「写るのは苦手」というオーナーの矢野哲郎さん。別に怒っている訳ではない。腕のよい猟師である

レストランで出す野菜を、目の前の菜園でつくっている。肉と野菜を自分の力で手に入れるとは、あっぱれ!!

えっ、もう掛かっている？　そんなあまりに早すぎる、近すぎる（いや文句を言う訳ではないが）。

半信半疑で雑木林の斜面に足を踏み入れると、いた！　シカがこっちを見ている。くくり罠に左前足を取られたシカが立ちつくしているではないか。さっそく私がカメラを構えると、シカは逃れようと飛び跳ねる。焦る必要はないが、手早く動きは止めたほうがよい。しかしながら銃はない。当然ナイフで止め刺しをするのだろうと見ていると、矢野さんが手にしたのはハンマーである。それもごく普通の家庭用の大きさなのだ。

「それでやるんですか？」

あまりに意外な道具の登場に驚いた。

「慣れればこれで十分ですよ。イノシシでも、ある程度の大きさまでは一撃ですよ」

そう言いながら矢野さんはシカに近づくと、間合いを計る。シカが動ける範囲は、当然ワイヤーの長さしかない。その中で逃げようとするシカの動きを見つつチャンスをうかがう。

〝カツン〟

素早く振り下ろされたハンマーは、シカの頭部を直撃した。シカは銃で撃ち抜かれたように、その場へばたりと倒れる。驚きの早業、あっけないくらいであった。罠に掛かったシカやイノシシをどうやって仕留めるか。実はここが問題なのだ。銃を持った人に連絡をしてわざわざ撃ちにきてもらうか、または自分の銃で止めを刺す場合が多いのは、獲物との接近戦を嫌ってのことである。罠猟は接近戦どころか、格闘戦にもなりうる。その場合は自分も命がけになるから、矢野さんのような仕留める技術をしっかりと身に付けるべきである。

美味しく食べる

シカを軽トラに積み込むと、解体場所へと向かう。迅速な血抜きが肉の質に影響を及ぼすから、素早い作業が肝心である。まず喉の下からナイフを入れて大動脈を切り、一気に放血する。ごく普通の解体ならばここから腹を割き内臓を出し、各部位ごとに切り分けるが、矢野さんは違う。商売用で必要な背ロースとモモ肉だけを先に確保するのだ。これにはその他の部分、特に内臓系と触れるのを避ける意味もある。猟の現場では、解体する場所も人もナイフも同じものを使う場合が圧倒的に多い。内臓を捌いた刃物でそのままロースを切って刺身にすれば、ほぼ食あたりは免れない。実際に

レストランのすぐ上の斜面に罠を掛ける。実際にここにも
シカはやってくるから、掛かる可能性は常にあるのだ

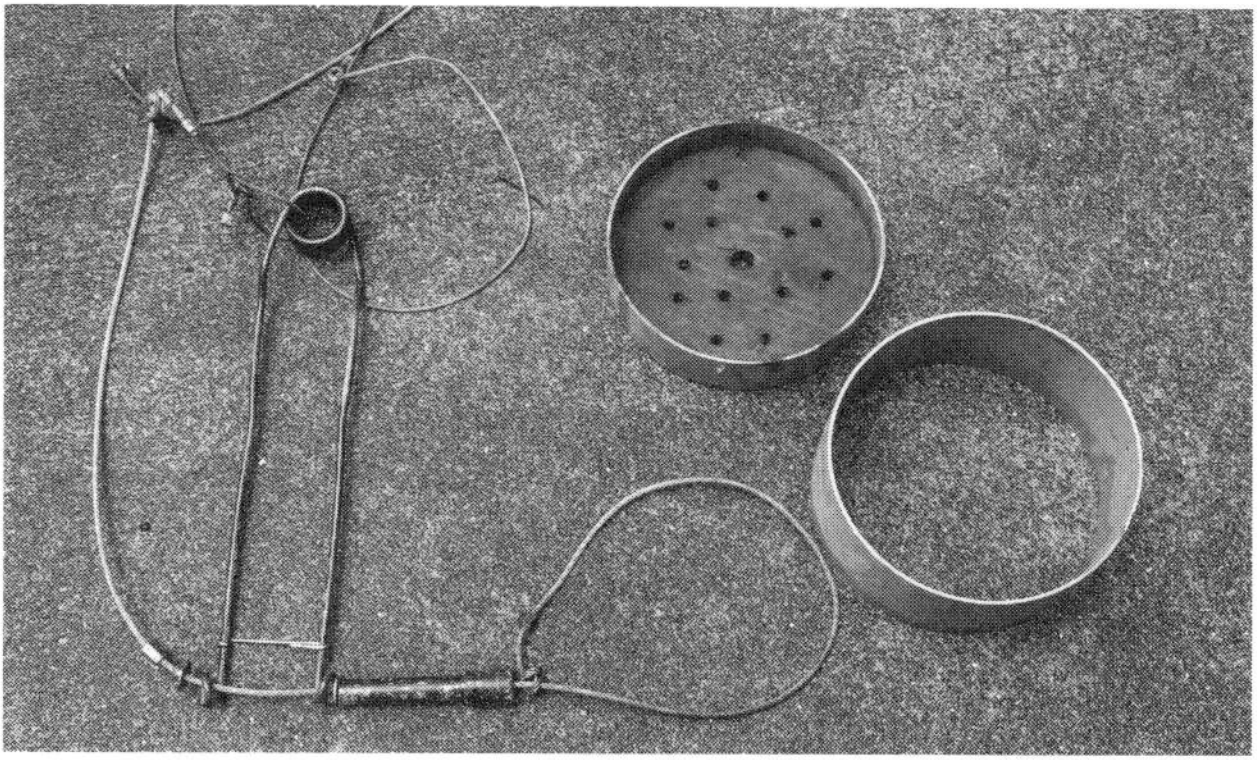

最も設置が簡単なタイプのくくり罠。ねじりバネが動力で、省スペースでどこにでも仕掛け可

くくり罠に掛かったシカ

軽トラの位置からしてすぐ側だと分かるだろう。人の
生活圏が、シカの生息域にもなっているのである

右）カツンと頭部を一撃！　空振りなしのクリーンヒット、見事な打撃である。左）昏倒したシカは、その場ですぐに止め刺し

胃の内容物を調べると、草がぎっしりと詰まっていた。その食欲は、山の新芽や下草を食い尽くすほどである

そうして処理したシカ刺しで、私と複数の猟師が翌日ひどい目にあった経験があるのだ。レストランでそのような肉を出す訳にはいかないから、これは当然の捌き方である。

こうして手に入れた背ロースとモモ肉は、しばらく冷蔵庫で熟成される。この時にビニール袋に決して入れてはならない。

「ビニール袋に入れると血に漬け込むようなものですからね。せっかくの肉の味が台無しになってしまう」

獣肉の気になるにおいは、血が原因の一つなのだ。特にシカは血の気が多いから、気を付けねばならない。そこで活用されているのがタオルである。

「肉専用の布があるんですが、一般的なタオルで十分に対応できますよ」

そう言って矢野さんが冷蔵庫から出してくれたのは、タオルに包まれた背ロースとモモ肉だ。

「こうして熟成させながら、余分な血をタオルに吸わせるんです。肉屋さんではみんな同じようにしていますよ」

確かに、高級牛肉のブロックが布に包まれてケースの中に入っているのを見たことがある。それと同じ処理をRYUOでは行っているのだ。

それでは高級食材に変身したシカを頂くとしよう。まずはメニューにはないシカ刺しから。

〝もぐ……〟

ああ、軟らかいなあ、実に軟らかくて優しい。肉ってこんなに甘かったのか。馬刺しに似ているが、遥かに旨味があって断然美味しい。以前はこのシカ刺しもレストランで食べることができた。しかし、北陸での牛肉ユッケによる大量食中毒事件が起こってからはメニューから外している。最もシカ肉の美味さを堪能できる刺身が食べられないのはもったいないが、その代わりに十分なるのがロースステーキである。このレア加減が最高なのだ。ローストビーフより生肉の食感に近く、加熱で失われる旨

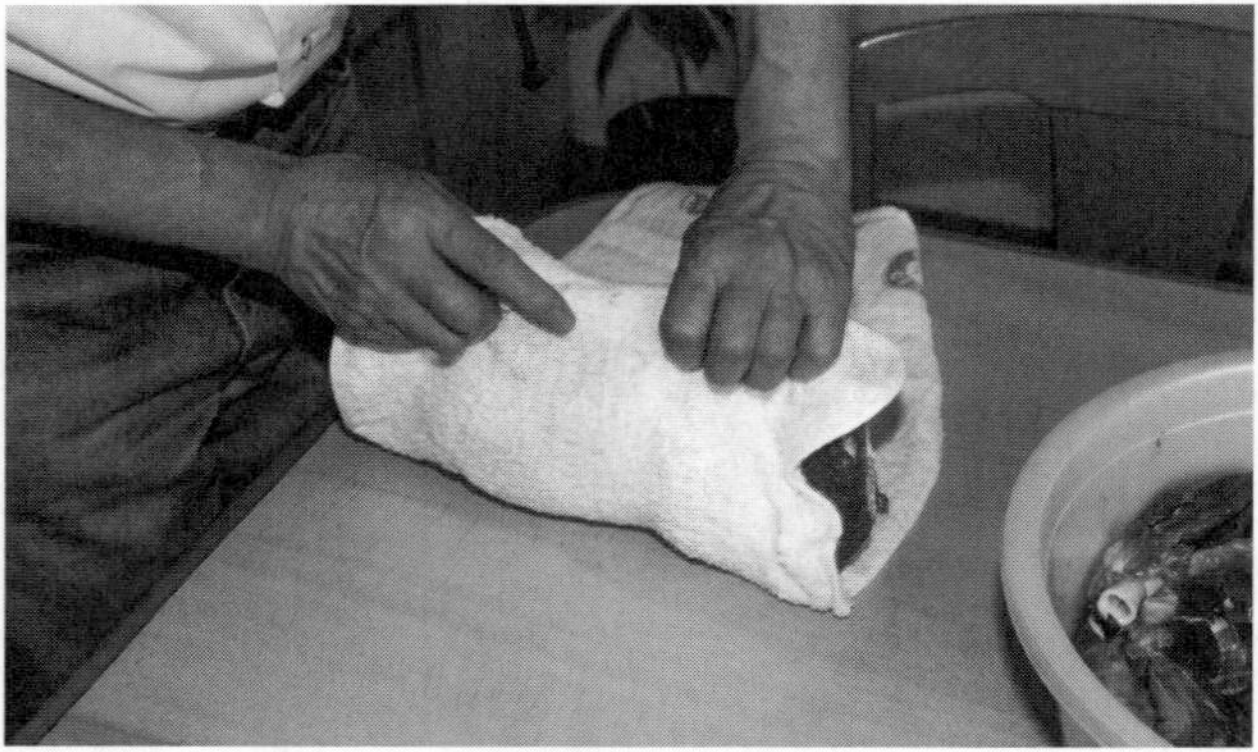

ごく普通のタオルにしっかりとシカ肉を包み込むだけ。
これで美味くなるなら、すごいアイデアである

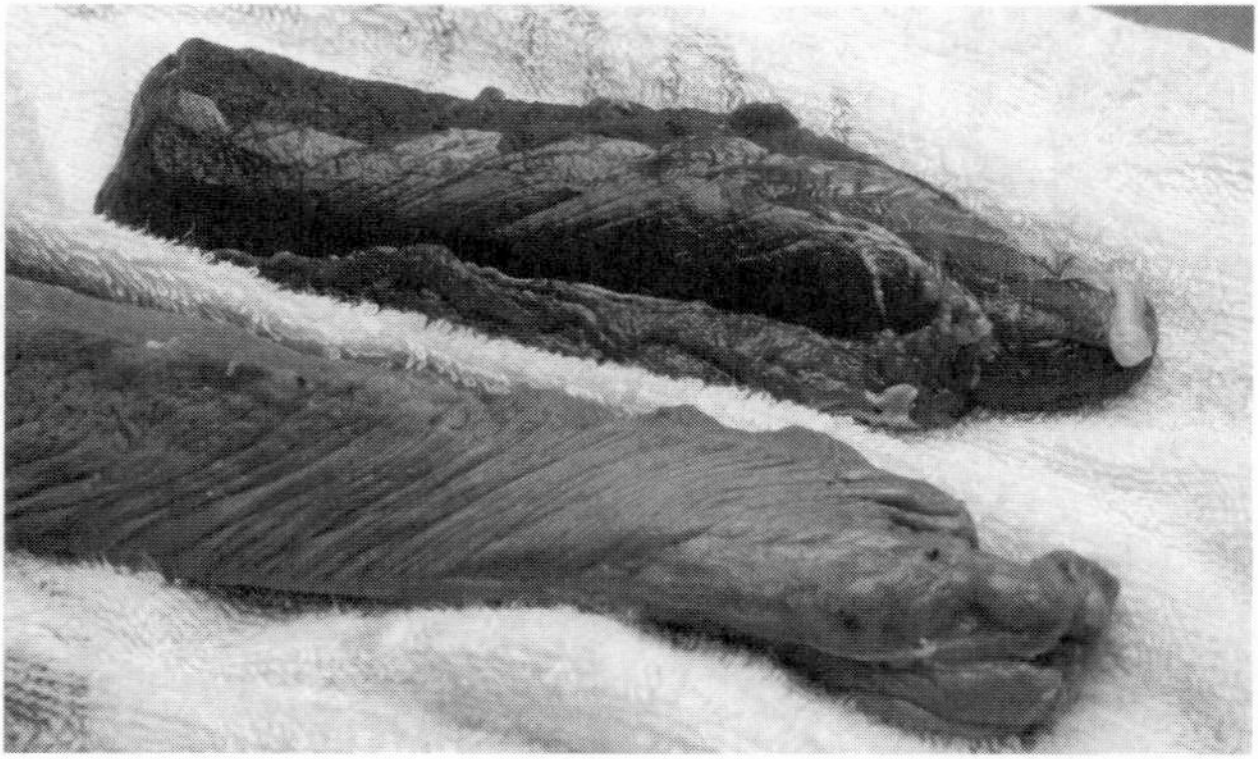

こうして熟成されたシカ肉は、厄介者から極上の食材へと変身する。知恵と一手間が、肉をご馳走へと昇華させた

「RYUO」の傑作ジビエ、〝シェフがそこで獲ったシカ肉を使ってつくった極上ロースステーキ〟。これは美味い！

これまた定番のシカ肉ハヤシライス。煮込んでも美味しいシカ肉は、非常に優れた食材だと思う。もっと有効活用してほしい

エゾシカの燻製、桜チップを使ってつくったマタギ特製。これは硬さを逆に生かした料理で、噛めば美味さがジュワッ！

味が中にぎゅっと詰まっている。噛むほどにシカが口の中を走り回る感じだ。それほどに楽しめる料理である。

シカは数が豊富で一頭から取れる肉量も多い。その割にはあまり喜ばれていないように感じられる。理由としては、日本的な煮込みには不向きな素材であることが考えられる。基本的に猟師料理は簡便なものである。捌いて焼いて食べるか、味噌、酒、砂糖、醤油で味を付けた煮込みがほとんどである。このやり方だと、血の気の多いシカ肉はひたすら硬くなるのだ。以前シカ肉100パーセントのハンバーグをつくったことがあるが、これが凄かった。ハンバーグとしては岩のように硬かったのである。熱が加われば加わるほどに肉が硬化するのは一般的だが、シカは図抜けて硬くなる。しかし旨味は非常に豊富な肉なので、噛んで噛んで噛んで噛み倒せば味わうことはできる。ただし非常に疲れるが。

そこで猟師に喜ばれるのが刺身なのだ。刺身にすれば料理は簡単で、最もシカを美味しく食べられる。最高の部位である背ロースをマグロのぶつ切りのように贅沢に皿に盛って宴会に出せば、楽しく酒も進むのである……まっ、時々大当たりになるのであるが。

生で食べるか、または逆にしっかり煮込むことで軟らかくなって実に美味しくなるのもシカ肉の特徴だ。ＲＹＵＯでもお手軽な価格帯で楽しめるのは、定番の煮込み料理であるシカ肉のハヤシライス。これがまた素晴らしい。

このように、シカは日本的な料理の仕方にはあまり向かないのではないだろうか。刺身は細心の注意を払って解体作業が行われない限りＮＧである。煮込みも、中途半端な加熱は飲み込むのも困難なほどの岩石肉を生み出すだけだ。鮮度を命に手早く食べる日本風ではなく、熟成から時間をかけて、さらに調理にもじっくりと手間暇かける洋風がシカ肉には合っているようだ。

そしてもうひとつシカが喜ばれない理由は、恐らくダニの問題だ。野生獣にはさまざまな寄生虫やダニ類が共生している。それ自体は自然のことで当たり前だが、実際に体中に粉を播いたように小さなダニがうじゃうじゃ蠢《うごめ》いていたら、かなり萎える。イノシシもダニは付くが、彼らはヌタ場で泥を塗りたくり、木がへこむほどに体をこすり付ける。そのお陰で、シカのような全身ダニまみれにはならないのだ。もちろん例外もあって、ある猟師に聞いた話では、捕獲したイノシシが恐ろしいほどにダニにたかられていたそうだ。そのイノシシは前足が片方なかった。恐らく罠から逃れようとして必死で足を引きちぎって逃げたのではないかということだった。体が弱り、泥浴びもできずにダニの住処になったのだろう。これもまた『もののけ姫』のタタリガミに変わったイノシシのようで不気味な話である。

駆除の問題点

野生獣による農林業への被害は、毎年莫大な金額に上る。シカとイノシシがそのかなりの部分を占め、有害駆除といえばまずこの2種類が上げられるくらいだ。農山村の少子高齢化で集落を守る力が弱り、山の獣が田畑を荒らし始めて久しい。ところが地元の猟師に獲るように頼んでも、あまり積極的にシカを追うことがない。理由は前述したように、シカは食材としての魅力に欠けると思われているからだ。反対にイノシシは美味い食材だから一生懸命に追う。巻き狩りの中にシカとイノシシが同時に入ることはよくあるが、この時に犬がシカを追ってイノシシを逃がした場合の落胆ぶりからも、それがよく分かる。そのような具合だから、駆除で出る補助金がシカ一頭あたり3000円程度では誰も動こうとはしないのだ。

「あんな金額で獲りに行けるかよ。弾代、ガソリン代にもならねーよ」

猟は肉体的にも楽ではない行為である。そこを乗り越えて山に入ろうとするには、それなりの理由が必要なのだ。美味しいイノシシを獲ってみんなで美味い酒を飲みたいが、シカは不要。これでは誰もシカを撃とうとは思わない。

そこで、最近では自治体が出す駆除の補助金が増額されるケースが増えている。多い所では一頭あたり1万5000円、日に3頭獲れば4万5000円の収入である。これが実に効果てきめんなのだ。

駆除とは、猟期以外や本来狩猟獣ではないが、被害が深刻なために捕獲する行為だ。これには特別天然記念物のニホンカモシカも含まれる。中部地方でカモシカの毛皮が売られているのはこのためだ。また鳥獣保護区で狩猟禁止の場所でも、地元猟師に限られた駆除が行われている地区もある。そして、全国的には通年で駆除ができる場所が今は多い。罠による捕獲が一般的で、これも地元猟師の出番である。

元々の補助金は〝ごくろうさん〟程度の謝礼金であった。それが今は生活ができるくらいに出る。関係省庁も、プロの駆除猟師を容認したり公務員ハンター育成の動きもある。それで増えすぎたシカやイノシシの数が適正に保てるなら悪いことではない。しかし現実はどうなのだろうか。

駆除の補助金申請は書類で行われる。捕獲したシカの写真と書類、そして証拠となる品が添えられる。シカの場合は耳か尾、または前歯の実物を加えて一セットになる。この証拠の品が、全国で統一されていないのが実に問題なのだ。同じ地域でも、隣接する県によって尾だったり耳だったりする。つまり隣県同士で申請に必要なものが違う訳だから、知り合い同士融通しあえば補助金の二重取りが可能なのだ。さらに地元猟師の間でも問題が起きている。狩猟とは地域の結束材料の一つでもある。厳しい猟で苦労して獲物を獲る。それを家族や集落単位の喜びに変えることで、地域の力が増すのだ。補助金だけが目当ての場合は、完全に個人の儲けが大事である。他人、ましてや地域はまったく関係がない。獲れば獲るほど自分の金になる。当然、多くの罠を手当たり次第に仕掛ける。多ければ多いほど獲れる確率は高くなるからだ。おまけに最初から食べる目的ではないので、頻繁に見回る必要はない。死んでいて構わないか

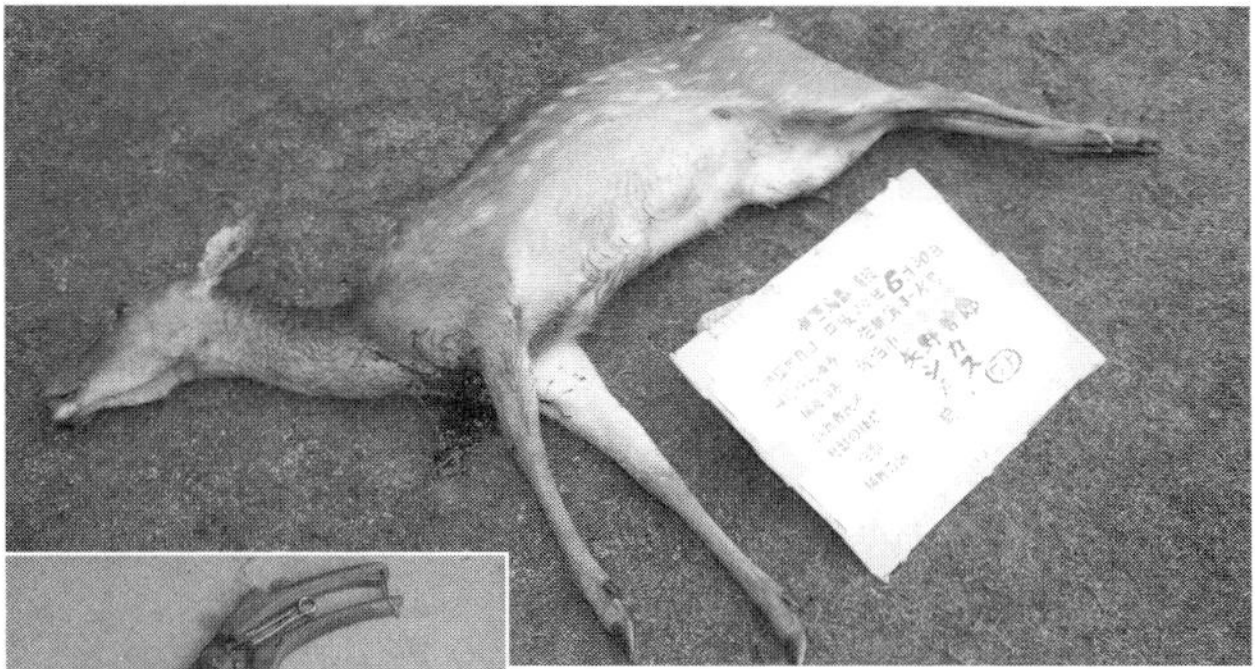

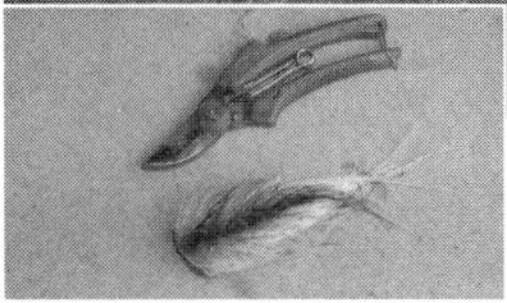

駆除対象のシカは、日付や捕獲者の住所・氏名などと写真、そして証拠の品と一緒で補助金の申請がなされる。この地域では、尻尾が実際に添付される証拠品である

ら、3日おきにしかけた罠を回る本来のやり方は不要である。これではただ数を減らすためだけの殺戮行為と言われても致し方ない。こうしてシカの数が著しく減った地区が実際にある。昔ながらの猟をする猟師たちは怒り心頭なのだ。

「あいつらはただ金欲しさに殺してるだけだよ」

耳や尾だけを切り取られて山の中に捨てられた多くのシカ。それを横目に少なくなったシカを追う猟師たちは、犬が罠に掛からないことを祈りながら走り回るのだ。補助金が少なければ誰もシカを駆除しない。多ければ多いで地域に微妙な軋轢を生む。この問題は実に厄介である。

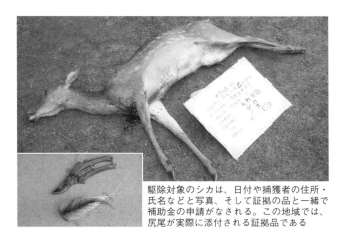

シカは利用できないのか

シカ革は、古来より丈夫な素材として日本では活用されてきた。元来、武具や甲州印伝のような伝統工芸に欠かせなかったのがシカ革である。それ以外にもセーム革は高級な商品で利用価値が高いし、クラフト等で使用されるシカ革も大切な資源である。ところが、日本ではその大半を輸入に頼っている。すぐそこに見える山では仕留められたシカが捨てられているというのに、わざわざ地球の反対側から大量のシカ革を運んでいるのだ。これはいかにも無駄ではないか。補助金という税金を投入してシカを撃ち、それを活用せずに打ち捨て、他国から高い経費を掛けて革を持ち込むのは実に馬鹿げたことだと思う。なぜそうなったのかというと、廃棄物や廃水の処理が昔のようにできなくなったことが一因として上げられる。薬品処理が欠かせないなめしの工程で出る廃液を、昔は垂れ流していた。処理施設をつくればよいのだが、廃液処理の設備投資に見合う売り上げが見込めずに廃業する業者が相次いだ。以前は地域ごとに大小の業者がいて、地元猟師たちが敷き皮をつくったり剥製を注文していた。それがほとんど消えてしまったのである。昔、山里では獣の皮や剥製は、温泉旅館やさまざ

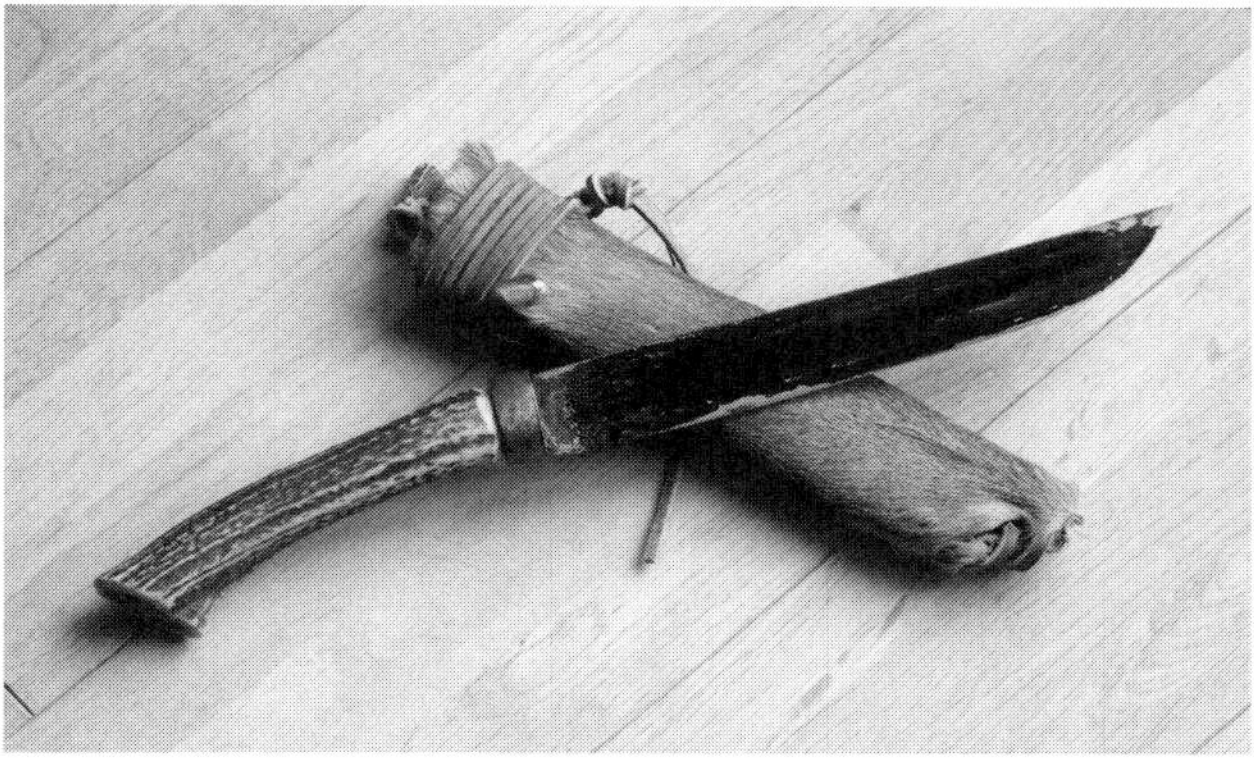

シカの角でナイフのハンドルを、そして革でケースをつくった猟師のナイフ。シカは本来は貴重なクラフト素材でもある

毎年落ちるシカの角も、欲しい人には嬉しい贈り物である。シンプルながら個性的な角の形は魅力的だ

まな施設の玄関先を飾るのに欠かせないアイテムであった。今、そのようなことは〝悪趣味〟と取られかねない。つまり飾るメリットがまったくないのである。20万円掛けて敷き皮をつくる理由はどこにも見当たらない。こうして業者がいなくなり、海外からわざわざ輸入する事態となったのである。

しかし、見せものとしての皮ではなく、素材としての皮利用は可能性がある。当然肉やさまざまな加工品等も付加価値の高いものへと活用できるだろう。猟師、料理人、商売人、行政と分野の枠を超えた関係者の知恵と力が融合すれば、ただ単に撃ち殺されて捨てられるシカの無念もいくぶん晴れるというものだ。シカは邪魔で邪悪な存在では決してない。生き物には間違いなく生きている理由があるのだから。

貉と呼ばれるタヌキ・アナグマ

長湯温泉
（大分県竹田市）

タヌキか貉《むじな》かアナグマか？

〝あんたがたどこさ、肥後さ、肥後どこさ〟の文句でお馴染みの手鞠歌。この歌の中で、タヌキを煮て焼いて食べる歌詞が出てくる。落語でも、汁にされる寸前だったタヌキを助けたことから始まる噺もある。このように昔話も含めて、世間一般ではタヌキは食べる肉として広く認識されていた。ところが、同時にタヌキはとても臭くて食べられないとも思われている。有名な食通がタヌキのあまりの臭さをネタにし、もの知りはタヌキを冠する料理の訳をしたり顔で講釈する。そのどれもが、タヌキはどうにもこうにも臭すぎて食えない奴というのだ。そこで狩猟の現場で多くの猟師たちにこの疑問をぶつけてみた。

「タヌキ？　絶対に食べられませんよ、臭くて」

「タヌキは食べないなあ、この辺りじゃあ」

「あれは食べられないね。近寄っただけですごく臭いんだから」

食べない派が7割ほどだったが、北東北、中部、そして九州でも食べる派がいたのである。

本物とは似ても似つかぬ姿の信楽焼のタヌキ。なぜか、タヌキというと日本人はこの像をまず思い浮かべるはずだ

「冬になるとよ、タヌキにびっしりと脂が付くんだ。そうすっとよ、これがうめもんなんだな、寒ダヌキってよ」

秋田県阿仁地区のマタギの正一さんによると、真冬のタヌキは普通に食べていたそうである。この話を食べない派の猟師にしてみた。

「そりゃあ、アナグマの間違いじゃないか？　アナグマは美味いからなあ」

アナグマはマタギにとって普通の食材である。根子の老マタギもアナグマの美味さを絶賛しているから、タヌキとアナグマをマタギが混同するとは思えない。

しかし、なぜか聞く人によってタヌキの話は微妙に違ってくる。それどころか、地域そして猟師によっては180度違う場合も珍しくない。これは実に不思議なことだ。

アナグマを獲る

アナグマはネコ目イタチ科である。タヌキは同じネコ目だが、イヌ科で種類がまったく違う。最も大きな違いはその生態にあって、アナグマは名前の通り穴を掘って、冬眠もする動物である。つまり真冬に豪雪の中をうろつくことがないのだ。タヌキは冬眠などしない。私は以前、山形県で罠に掛かったアナグマを見たことはあるが、残念ながら食べることができなかった。そこで、ぜひ現場で生きた状態から見たいと思い、大分県の猟師にお願いをすることにしたのである。

猟期に入り3週間程が過ぎた朝、アナグマが箱罠に掛かったと連絡が入った。そこで急いで空路で大分へと向かう。空港からレンタカーを借りて現場の山へ入ったのは午後8時前、辺りはすでに真っ暗で、九州とはいえ気温もかなり低かった。途中で猟師の軽トラに乗り換え、杉林の中をぐるぐると30分ほど走った所に大きめの箱罠が置いてあった。

「これですか?」

「そうそう。ばってん、こいはイノシシ用たい。本当はアナグマが入っても、網の大きかけんが出らるっとやけど」

イノシシ用の箱罠はもともと網の目が大きく、アナグマが掛かっても簡単に逃げ出せる。しかし、このようなことが繰り返されると、肝心のイノシシが掛からないばかりか、罠の設定に手間ばかり取られることになる。そこでアナグマも出られないように、目の小さなメッシュを被せたのである。誤作動を引き起こすアナグマを排除して、なおかつ本命のイノシシを捕獲する作戦なのだ。

「こいは大きかよ」

真っ暗な林の中で、ライトを頼りに箱罠のアナグマを捕まえようとする猟師たち。しかし、イノシシ用の箱罠はアナグマが逃げ回る広さが十分にある。なんとかワイヤーを首に掛けてその動きを止めようと試みるが、なかなかうまくいかない。

「そっちから追うたらどうね」

「棒んごたっとでこっちにやらんば」

私も拾ってきた竹で中のアナグマを追ってワイヤーのほうへ向かわせようとするが、アナグマは肝心のワイヤーの下へと頭を潜らせる。

「こいは賢かばい。よう分かっとるよ、頭ば絶対に上げげん」

イノシシ用の箱罠なので、入り口も完全に板囲い。こうでもしなければ、小さなアナグマは簡単に逃げてしまう

箱罠の中で逃げ回るアナグマ。顔が白っぽく見える。ハクビシンとも似た配色は見受けられるものの、やはり違う

ベテラン猟師が、二人がかりで暗闇の中で格闘である。これほど捕獲に苦労するとは思っていなかったから、ハラハラ

前脚を固定したが、そこからもなかなか手強い。簡単にはこちらの思うようにはいかない。アナグマ必死の抵抗は続く

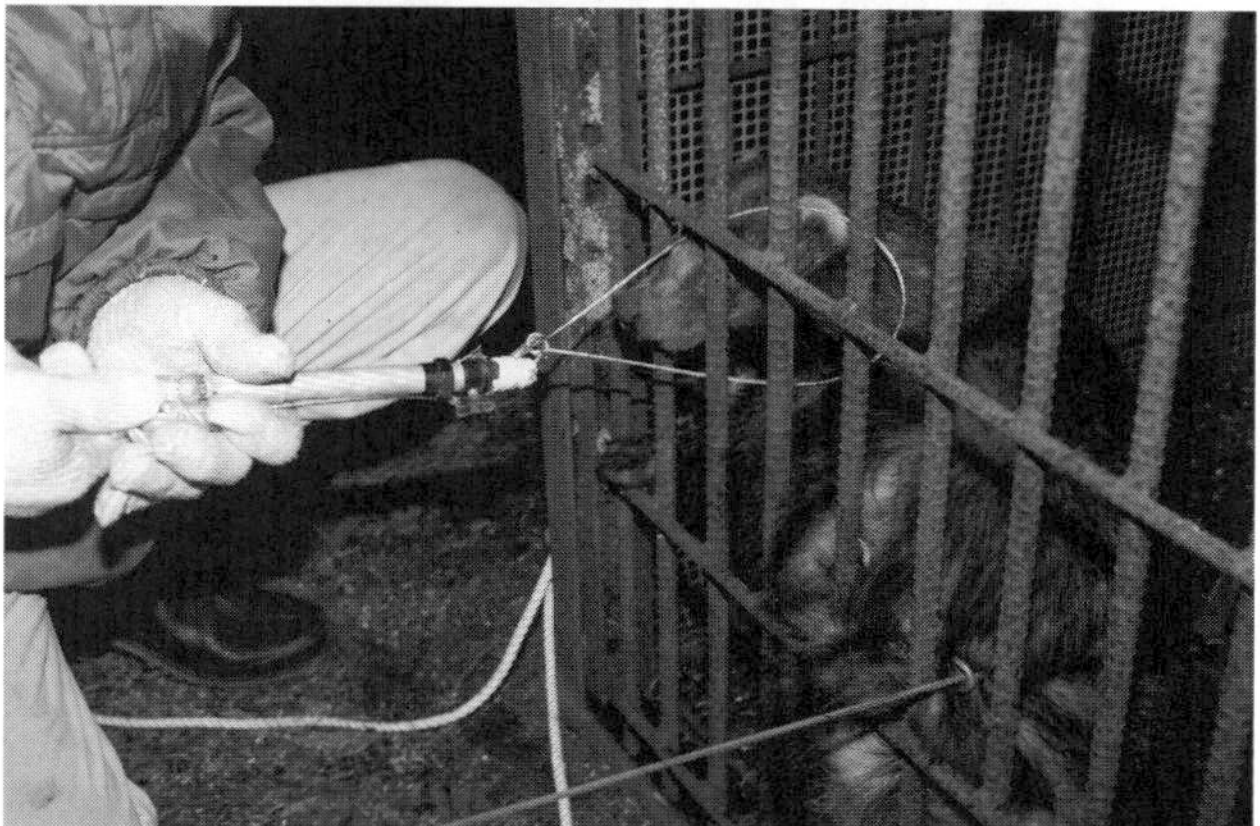

こうして吊すと、丸々とした体軀が冬眠前らしい。後ろ脚は短いが、前脚は穴掘りのために発達しているのが分かる

右上・右下）アナグマの皮は思ったよりも硬い。もっと簡単に刃物が入るかと思ったが、力を入れないと刃が通らなかった。左）上等の毛皮の輝きを放つアナグマ。タヌキも高級品に化けたというから、アナグマも結構いけるかも

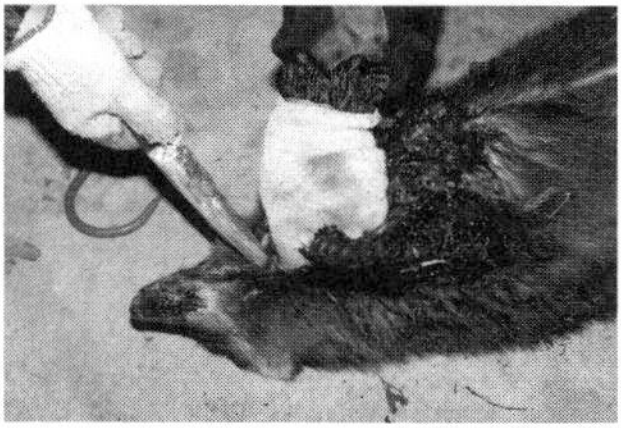

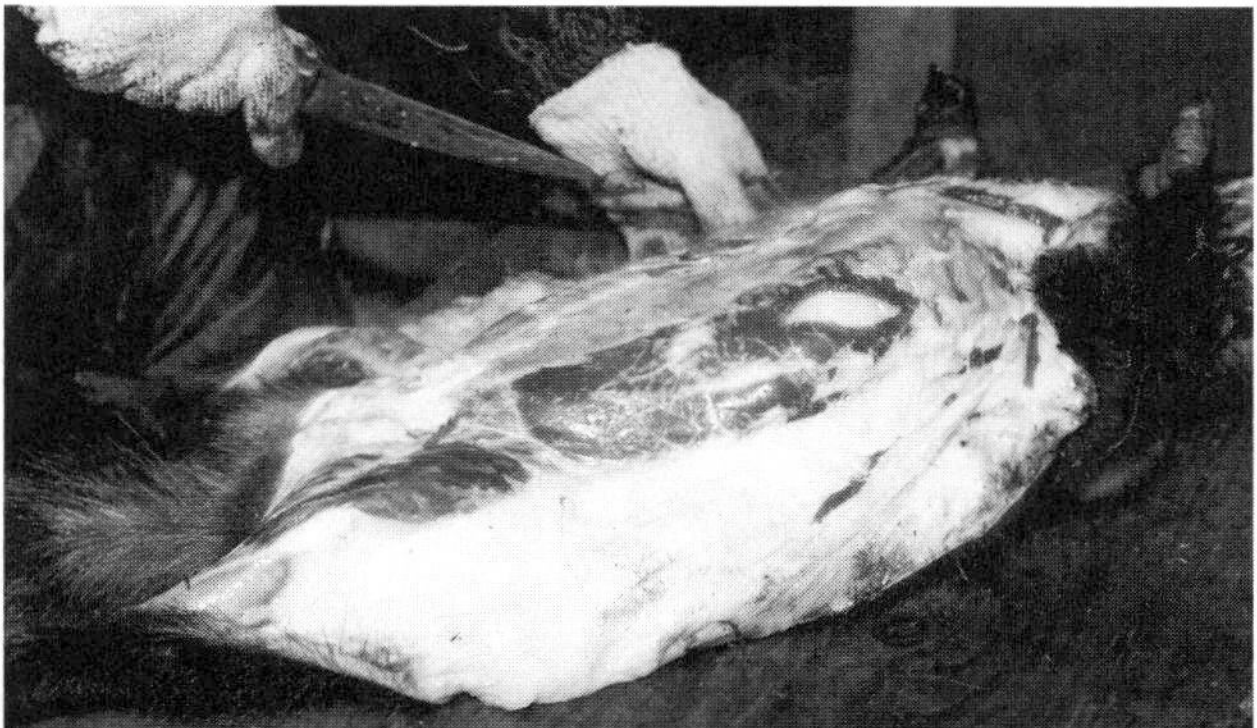

丸々としていても、皮下脂肪が極端に多いというわけではない。全体的にまん丸な体つきのぽっちゃり体形なのだ！

腹を割くと、寒気に湯気が湧き上がる。解体を始めてずいぶん経っても、湯気は立ち続けた。体温がかなり高めなのか

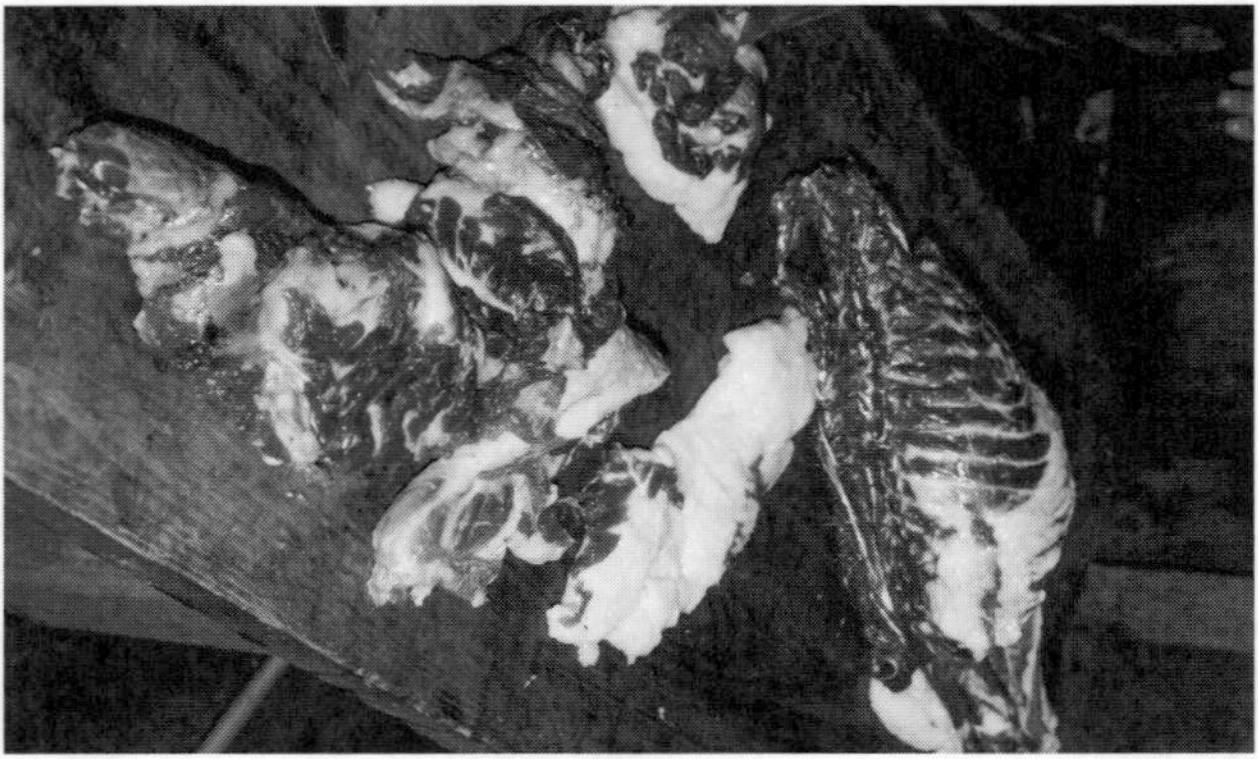
部位ごとに分けられたアナグマ。全体的に結構肉付きがいい。食べ応えがあるようで、肉としては期待ができる

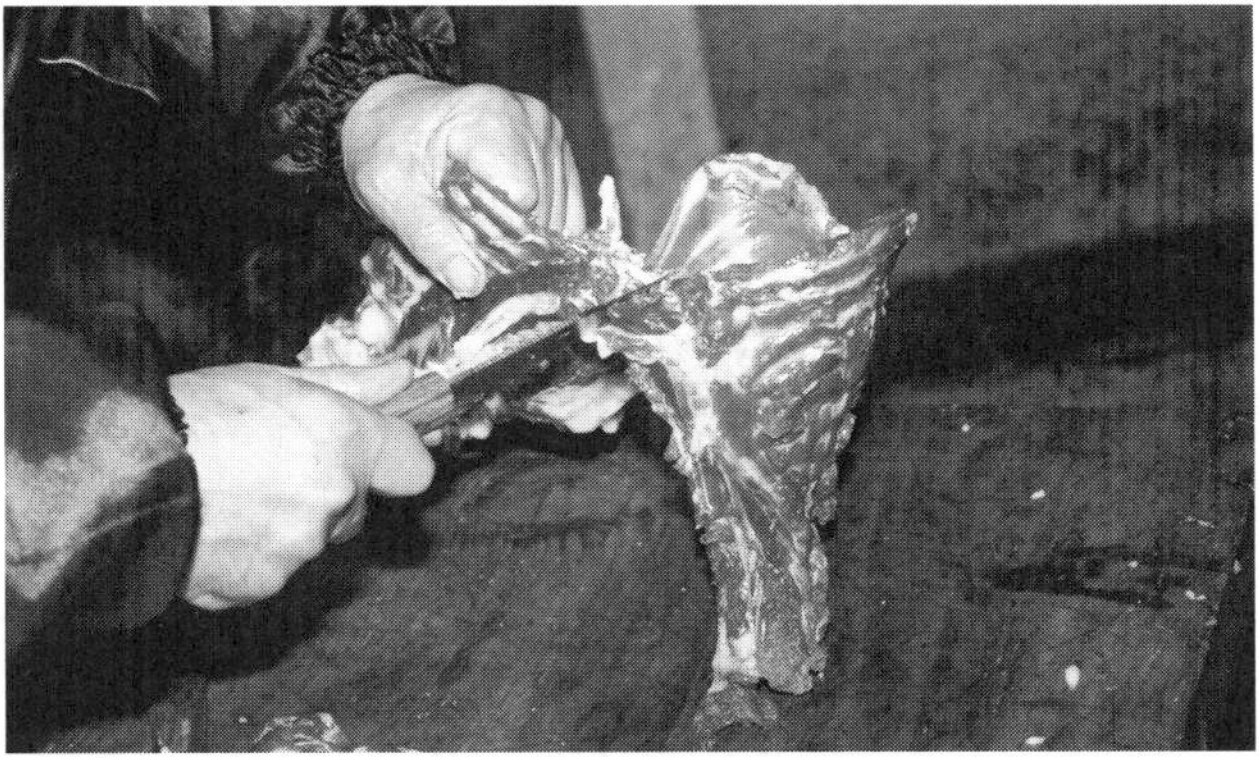

あばらが、ほぼまん丸に形づくられている。これがぽっちゃり体形の秘密らしい。これは穴掘り体形？

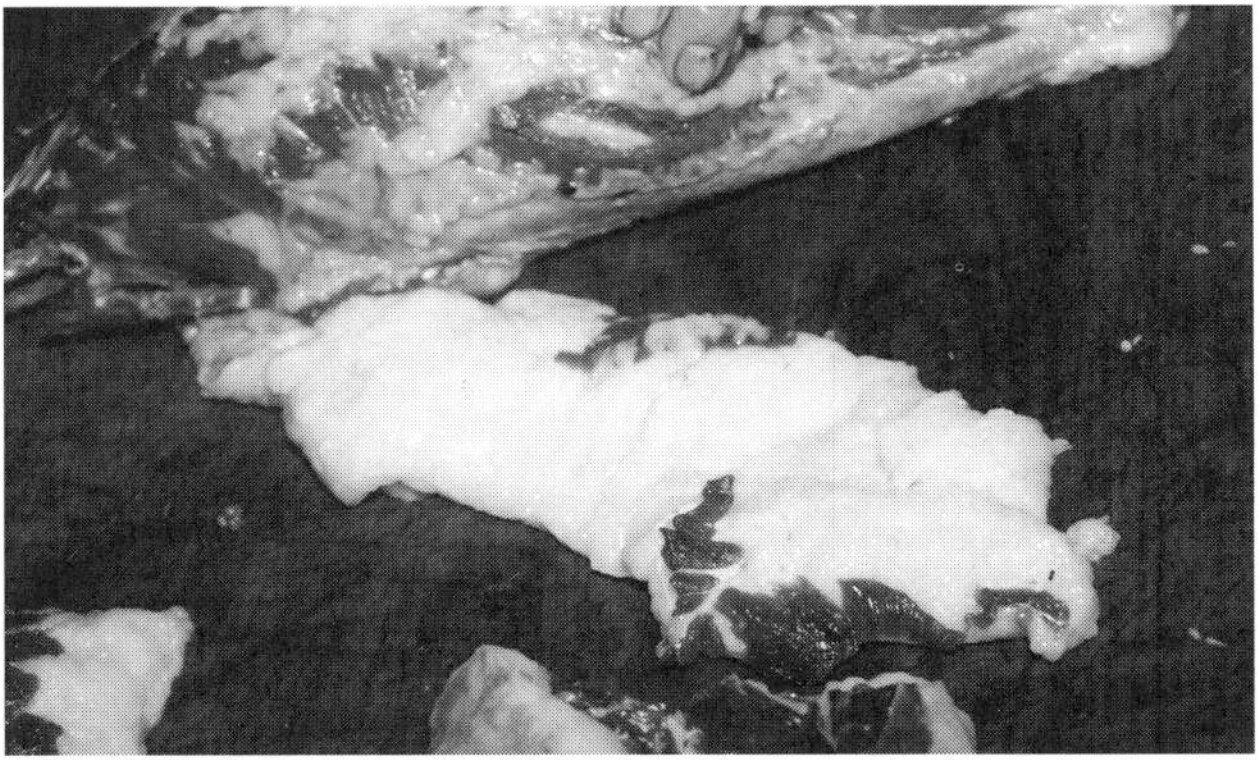

背中に付いた脂の塊。これが冬眠前のアナグマの背脂だ。一年中、背中にも腹にも脂を付けている人間とは大違い……

ベテラン猟師たちが感心するくらい、このアナグマは我々の動きを読んでいる。先方も命が掛かっているから必死なのだ。かなり冷え込んできた山中で、アナグマとの攻防が30分以上続く。

「よし、掛かったばい」

見ると前足をワイヤーが捕らえている。一部でも固定したら、もうこっちのものだ。すぐに引き寄せて、胸元に刃物を入れて止めを刺す。

〝ギャウウ～ン、ギャーン〟

犬のような鳴き声を残してアナグマは動かなくなった。

アナグマを食す

今回お世話になったのは、大分県竹田市の江藤さんと大久保さんのベテラン猟師である。江藤さんが仕掛けた箱罠に掛かったアナグマは、大久保さんの所でさっそく解体することにした。大久保さんの家は竹田市長湯の温泉地帯にある。敷地内に浴場があり、これが珍しい炭酸の温泉なのだ。母屋の隣には獲物の解体や宴会場になる場所があって、環境としては抜群である。

フックに吊されたアナグマは50㎝以上に伸びている。重さは8㎏程度であるが、大きいと10㎏を超えるサイズもいるらしい。

「この前も夜中にアナグマの家ん中に入ってきてさ、かあちゃんと二人でバトルやったさ」

深夜に犬が騒いでおかしいと思ったら、家の中にアナグマが進入してきた。それを夫婦共同作業で捕まえたというから、箱罠要らずの家である。このように家の周りにはかなりの数のアナグマがいて、ときどき犬がくわえてくるという。

「結構アナグマは凶暴かもんねえ。気の弱か犬はようそばに行ききらんけん」

確かにアナグマの爪は鋭く、これで向かってこられるとかなりの痛手を被りそうだ。皮剝ぎが得意ではないと言いながら、大久保さんが解体を進める。そのアナグマの毛皮があまりに綺麗で驚く。冬眠前の冬毛で、長く伸びて艶のある上品な質だ。箱罠の中で威嚇している時には、そのように感じなかったから不思議だ。

皮を剝ぐと、現れたのは真っ白な脂である。これはクマと名が付くだけあって冬眠前の特徴だ。たっぷりの脂はツキノワグマと同じように体を覆っている。そして体からは白い湯気が上がっていた。大久保さんが言うには、以前はアナグマは少なかった。それが今は数が増えているらしい。

「なんでアナグマが増えたとかねえ、牛を飼う人が増えたけんやろか」

実際に周辺では牛を飼う農家が多くいる。その牛の飼料を狙ってアナグマがやってくるらしい。これは全国の酪農関係者には大問題で、アナグマが有害駆除対象になっている地域もあるのだ。

解体を終えると、アナグマは一日吊されて放置される。こうすると軟らかかった脂が硬化する。その脂をある程度落として食べるのだ。切り離した脂は、クマの脂と同じくフライパンで熱してビン詰めにすれば、家庭常備薬のできあがりとなる。

では、アナグマ料理フルコースに取り掛かるとしよう。まずはシンプルに炭火焼き。網の上に乗せると、熱が加わるに従って脂が滴り落ちる。

〝ジュッ〟

そのたびに舞い上がる煙と炎が、辺りに実にいい香りを撒き散らす。たまらず一口ぽいっ。おおお、焼ける時の香りがそのまま鼻に抜けていく。口一杯に広がる旨味も凄い。実に美味い肉で、マタギの爺ちゃんが絶賛していただけのことはある。軽く塩胡椒をすれば高級焼き肉以上の素材だ。見た目は豚肉に近いが、味はまったく違う。この肉を噛みしめながら飲むビールは最高だろう。

次なる料理は、定番ともいえるすき焼き風である。すき焼きは本来簡単な煮物で、基本的にどんな肉でも応用が利く料理なのだ。鍋の中で野菜とくつくつおしゃべりをするアナグマは、また一段と美味い。野菜にアナグマの脂と旨味が移るから、すごくお得な感じがする。

圧力鍋を使って骨付き肉と野菜の煮物もつくったが、これもいい。肋骨はそのましゃぶってアナグマのスペアリブである。骨も美味しいらしく、犬は大喜びだ。軟らかくなった肉と根菜の相性は抜群で、汁も残さずに頂いた。う〜ん、冬眠前のアナグマはもの凄い食材かもしれない。

貉とは何か？

あちこちでタヌキの話を聞いていると、必ず貉《むじな》という名称も耳にする。そう〝同じ穴の貉〟の貉だ。本来あまり良い意味では使われない言葉で、たちのよくない同類といったところか。この貉、古くからの呼称ではあるが、実はその実態のはっきりとした定義がない。妖怪、もののけの類とされる場合もあり、小泉八雲の『怪談』にはのっぺらぼうに化けて出ている。かと思えば、タヌキのことを貉と呼んだり、アナグマのことを貉と呼んだり、わけが分からない。実際にこのわけ分からん状態が裁判に

綺麗な肉である。赤身は豚肉のようであるが、脂身は牛脂にも似ている。独特のにおいはなく、ほぼ無臭に近い

シンプルに炭火焼き肉でいただだく。脂の落ち方が豪快で、まるでサンマを焼くようだ。素晴らしい香り

そして定番のすき焼き。これは万能の調理法ではないだろうか。これならば、たいてい美味しく食べられる

左）あのまん丸なあばらからスープを取り、残ったダシガラ。小さいけれどスペリブはやはり美味しい。右）骨付き肉は根菜と煮込んだが、かなり美味である。骨と肉から旨みが溢れ出る感じで、それがそのまま野菜と混ざる

なった例があるのだ。1924年に起きた〝タヌキ・ムジナ事件〟である。これは事実の錯誤に関する判例としてよくあげられるそうだ。詳しい内容は割愛するが、事件になったそもそもの原因はタヌキと貉の混同が関係している。

マタギ発祥の地である秋田県の阿仁地区では、タヌキのことを貉と呼称する。アナグマはマミである。しかし宮崎県の椎葉村ではアナグマのことを貉と呼ぶ。広島県の作木村ではタヌキのことをマミと言い、愛知県岡崎市ではアナグマのことをマミタと言うのだ。ほかにもアナグマをシクマ、タヌキをハチムジナと呼ぶ地域もある。さらに、これにハクビシンまで含めた混沌状態地区も存在して、なにもかも一緒くたで貉と総称される。なぜそうなったのか？　私なりに考えたところ、基本的には昔の生活にその原因があったと思われるのだ。

落語の『権兵衛狸』では、夜中にタヌキがどんどんと戸を叩く。権兵衛が開けると誰もいない。この場面を考えると分かるが、昔は今と違い街灯などはない。月明かりがなければ外は漆黒の闇である。家の中もわずかな明かりがともるだけだから、戸を開けても外まで照らされることはない。家の造りも簡素なもので、薄い杉板塀一枚が外部との境をつくるだけである。たったそれだけで闇の世界と接していた居住空間は、容易に怪異が入り込む隙間だらけだったのである。どんどんと戸を叩く、またはガサガサと何かが蠢く音がする。しかし開ければ何もいない。ああ、貉、タヌキがまた悪さをしにきたに違いないと納得した。『権兵衛狸』では、ご丁寧にタヌキが戸をどうやって叩くかが説明される。後ろ向きになって立ち上がり、後頭部でどんどんと叩くのだと。つまり、タヌキの前足は小さく、戸をどんどんと叩くのは不可能であることを皆が知っているからの解説なのだ。何かは分からないが間違いなくそこにいる。その何かが貉でありタヌキであると納得しようとしたわけだ。

確かにタヌキもハクビシンもそしてアナグマも基本的に夜行性である。今と違って、ライトもない時代に月明かりで見るこれらの獣は、同じシルエットにしか見えないはずだ。猟師にとっても狩猟法もないはるか以前の話であるから、それが今でいうタヌキであろうとアナグマであろうと、なんの問題もなかったのである。狩猟行為はもともとローカルなので、獲物の呼称は地域での呼び名が普通に使われる。これは魚や山菜、キノコの名前が地域によってまったく違うのと同じなのだ。こうして現在でもタヌキやアナグマ、ハクビシンは貉と混同されているのである。

謎のタヌキ食

昔話で定番のタヌキ料理といえばタヌキ汁であろう。それは昔ながらの日本的な料理で、囲炉裏に掛けた鍋の中で煮られる。もちろんタヌキに限らず、多くの獣がこの鍋料理で食されてきたのだ。タヌキ料理について巷間見聞されるのは、その処理方法だろう。一番よく聞くのは、タヌキを一週間ほど土中に埋めて、においを消してから料理するというものだ。それを初めて聞いたのは、はるか大昔である。そんなことをしてよけいに臭くなりはしないのかと不思議に感じた。この処理方法はどこでもよく聞く話だが、実際にそうやって食べる人には会ったことがない。現場の猟師たちも、ほとんど又聞きの又聞きで知っているにすぎなかった。これに近いのが、岐阜県の猟師から聞いた雪の中に埋める方法である。真冬の岐阜県山中は雪が多い。その雪の中にタヌキを一週間ほど埋める。その上には、ほかの動物に掘り起こされないように鉄板を乗せるのだ。このやり方はかなり納得できる。真冬の雪の中なら腐敗もしづらく、虫や動物に食われる心配もない。しかし残念ながら、もうその人はタヌキを獲っていなかった。

「昔はタヌキの毛皮が売れたから、獲ったタヌキを食べたりしたけど、もうこの辺りじゃそういう人はいないなあ」

タヌキの毛皮が高く売れた時代があったことはあちこちで聞いた。大分県ではタヌキ獲り専門の猟師がいて、年間100匹以上のタヌキを捕獲している。これだけ獲れば何匹かは食べたはずだろう。ただ、毛皮目的の場合は胴くくり罠（首くくり罠）と呼ばれるタイプの罠を使用する。毛皮目的の場合は生きて捕獲する必要がなく、掛かったまま死んで時間が経ってもあまり関係ないらしい。

「タヌキがその罠に掛かるとほとんど死んだ状態だったから、よけいに臭かったんじゃないですか」

大分のベテラン猟師はこのように推測する。こうして日本各地でタヌキについていろいろと聞き続けたが、現在進行形でタヌキを食べる人がなかなか見つからなかった。そんなある日、竹でつくるイノシシの箱罠を取材した時のことだ。場所は愛知県の山中で、その自家製罠をつくる猟師が今でもタヌキを食べるというではないか。

「タヌキには、食べられるタヌキと食べられないタヌキがおるんですよ」

食べられるタヌキと食べられないタヌキ？　どういう意味だろうか？

「ここら辺りでチョウセンタヌキって呼んでる奴は食べられる。でもニホンタヌキっていうのは臭くて食えん」

これは初耳である。しかし、もしもそうならば、あちこちで聞いた〝食えるか食えないか〟の謎が解けるのだ。「食える」という地域にはこのチョウセンタヌキが生息していて、「食えない」地域にはニホンタヌキが生息していることになる。そこで百聞は一見にしかず。さっそくこの方にお願いして、タヌキが獲れたら連絡をもらう手はずを整えた。これでタヌキ食の謎が解けるはず。

哀れなりタヌキ

愛知県からの朗報を待つ間、ネットでタヌキ食について調べると、やはり圧倒的に臭くて食えないという話ばかりである。しかし、自分が経験した話はほとんどない。99パーセントは伝聞、又聞きである。そんな中で、実際に食べたと思える人が二人ほどいた。その内の一人がなんと知り合いの友達だった。さっそく知り合いを通して連絡をしたが、残念ながら猟期は基本的にイノシシやシカの大物猟中心で、タヌキは獲らないということだった。その方も私同様に、タヌキが〝食える派、食えない派〟に分かれることに常々疑問を感じていたらしい。そこで手に入れたタヌキを食べてみたのである。その評価は「普通に美味しい」とのこと。これはチョウセンタヌキなのだろうか？　写真で見ても間違いなくタヌキであってアナグマではないのが確認できる。肉の見た目は、ハクビシンよりもアナグマに近いようだ。

しかし九州のタヌキは食べられる種類なのか？

そこで、冒頭でも触れた〝あんたがたどこさ〟の肥後は熊本県の猟友会に連絡を入れて、ずばり聞いてみた。

「タヌキですか？　タヌキねえ……今はあんまりおらんようになったけんですねえ」

タヌキがいなくなったとはどういうことなのか。

「タヌキは駆除の対象になっとったんですよ」

本来、タヌキはあまり農作物に被害を及ぼす存在ではなく、積極的に駆除されることはなかった。それが熊本県ではしばらくの間、駆除獣に指定されていたのだ。その理由は疥癬症《かいせんしょう》だ。この疥癬症がタヌキの間ではやり始めたのは、ずいぶん以前のことである。疥癬症はヒゼンダニが原因で起こり、脱毛が進むと全身丸裸になってしまい、死に至る。もともと珍しくはない病気だが、それがある時期から爆発的に増えた。タヌキは順応性が高く、東京都心でも数多く繁殖をしている。自然の少ない街中で、本来野生動物であるタヌキは人が出すさまざまな残飯やゴミの類を主な餌に、温かな

似ても似つかぬ、イメージタヌキと本物のタヌキ。右のタヌキは、秋田県阿仁で事故死した個体。実際にタヌキの交通事故(ロードキル)は非常に多い。その原因は、臆病でライトに立ちすくむからだといわれている

街をねぐらに栄えてきた。しかし、その過程で何かがタヌキの体を蝕んだのだろう。順応性の高さが致命的な疥癬症を引き寄せたとすれば悲劇である。

熊本県でも疥癬症タヌキが増えたために駆除の対象にしたのである。理由は、ほかの動物への伝染だ。タヌキの疥癬症は同じイヌ科のキツネや飼い犬に伝染する。実際にキツネが感染して減った地区があるそうだ。こうして熊本ではタヌキが駆除された。そして今現在。

「もうタヌキもあんまりおらんから、駆除からは外されました。だいも獲る人はおらんでしょ」

食べる食べない以前に、疥癬症とそれに伴う駆除で激減していたのである。

しかし、そんな哀れなタヌキに関心を寄せる人はほとんどいない。

〝タヌキ獲れる〟

この連絡を待ち続けたが、とうとう狩猟期間が終わりに近づいた。さすがに痺れを切らした私は愛知県の猟師に連絡を入れてみる。

「ああ、猟期に入ってから3匹獲れましたよ」

「ええっ！　それなら連絡をしていただければ、すぐ行ったのに」

「いや、それがみんなひどい疥癬で、とても手が出せる状態じゃなかったんですよ」

タヌキは獲れた。それもきちんと食べる人の所で。しかし疥癬症に阻まれて、タヌキ食の謎は解けなかった。何とも残念である。この後さらにタヌキ食について調べると、石川県の猟師も同じように2種類のタヌキの存在を示したが、その違いが明確には分からなかった。そんな中で阿仁の正一さんに電話をして話を聞いた。

「ああ、タヌキか？　あれはよ、冬になってたっぷりと脂が付くと臭くなくなるもんなんだぁ。チョウセンタヌキ？　いやそんな言い方はねどもな。昔はよ、食べるもんが今と違ってないから、なんでも食べたもんだ。爺様方がタヌキ獲ってきてな、その肉を囲炉裏の上に吊しておくんだ」

拙著『マタギとは山の恵みをいただく者なり』で記したが、冷蔵庫もない時代はイワナもウサギも、そしてクマやタヌキも囲炉裏端で干して燻されるうちに保存食となったのである。それを大きなホタテの貝殻で煮て食べるのが〝カヤキ〟だった。ひょっとして正一さんならタヌキを獲って食べるかもしれない。

「いやあ、タヌキはもう獲らねえなあ。最後に食ったのは10年くらい前の話だぁ」

穴に潜むタヌキをマタギ独特の方法で捕らえる。そんな場面を見たかったが、無理矢理やってもらうこともない。謎は謎のまま残しておこうではないか。いつかはきっと自然に食べる機会も生まれるだろう。それまでタヌキが絶滅危惧種にならないことを祈るだけである。

謎のタヌキ肉の後日談
ついにタヌキ獲れる

あちこちの猟師に〝タヌキが獲れたら連絡を〟と依頼したが、なかなか吉報はもたらされなかった。4年ほど諦めず気長に待っているとその日はやってきたのである。

「タヌキが罠に掛かったけどどうします、来ますか？　昨日獲れたんで、3日ぐらいは大丈夫ですよ。水はやりますから」

石川県白山市でジビエの食肉処理場とレストランを営む長田泉さんから連絡があった。長田さんはどこまでもクマを追う、地域でも名うての猟師。マイタケ採りの際にクマに襲いかかられて格闘戦となったが、たまたま持っていたピッケルで応戦してクマを仕留めたこともある。そんなすごい経験の持ち主だ。

連絡を受けた2日後、セイモアスキー場の近くにある長田さんのベースを訪ねた。早速罠に掛かったタヌキを見せて頂いた。見た感じではかなり若い個体で、1歳未満のメスのようであり、子ダヌキのあどけなさはすでにない。

昔話でも盛んにタヌキ汁の話が出てくる。それほどポピュラーな食材だったと思われるが、実際に食べた人が極めて少ない。不味いといわれていて、東海林さだお氏のエッセイでは鼻が曲がるほど臭いと書かれているほどである

近寄ってもタヌキ臭は全くしない。動物園のタヌキ舎の側を通ると鼻を突く独特のあのにおいがしないのだ。これは普通に食べられるかもしれない。

小型の獣類は足を吊るして解体するのが基本で、それが一番やりやすいのだ。タヌキも吊るして皮を剝ぎ、内臓を抜くと、その後はまな板上での作業となる。いつものように四肢を外して部位ごとに分けていく。小さな個体なので、あまり肉はついていないがにおいもない。モモは小さく見た目が鶏肉のようである。

「味が一番分かりやすいから塩コ

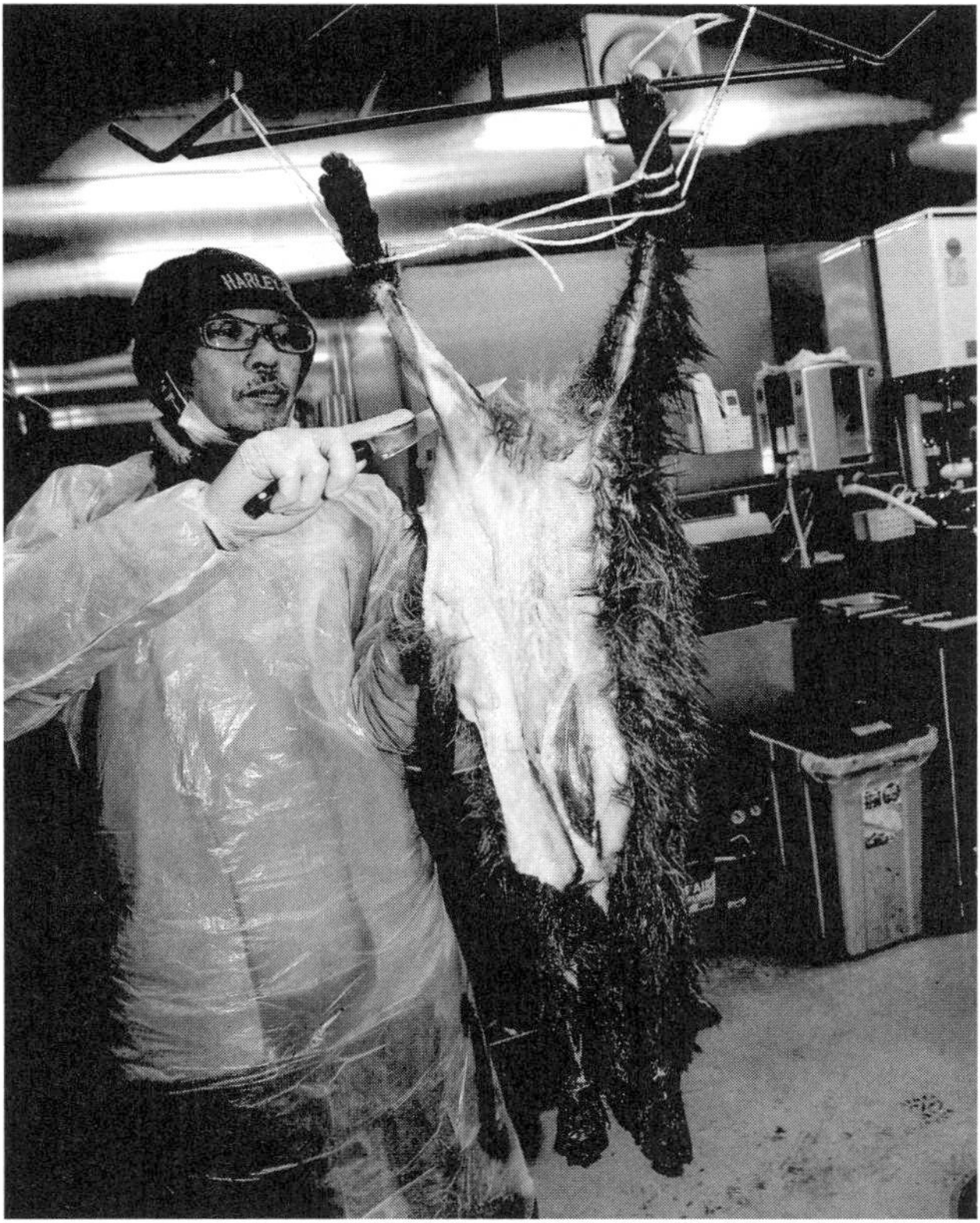

タヌキも吊るし切りにすると作業は楽だ。立ったままの姿勢で刃物を使える。皮も無理矢理剝がすのではなく、ていねいに刃先を動かしたほうがやはり見た目はよい。モモ肉は鶏肉そっくりで、個体差だろうが臭みはまったくなかった

ショウだけで食べてみますか」

ひと口大に切ったタヌキ肉をフライパンで加熱する。やはりにおいはなく、これは期待ができそうだ。

シンプルな焼きタヌキを口に入れる。もぐもぐ……肉だ。これは普通に食べられる肉である。においはない。

もぐもぐ、もぐもぐ……ン？

もぐもぐ……あれ？

噛みしめていると鼻の奥、それもかなり奥から動物園のタヌキ舎のにおいが微かに抜けてくるのが分かる。とはいえ決して臭いから食べられないというわけではない。普通に食べられる範囲なのだ。理由として考えられるのはやはり個体が若いからだろうか。これがおっさんダヌキなら臭いのかもしれない。

これで一応はタヌキ肉の謎が解けた。においが少ない個体なら問題なく食べられるが、タヌキ舎が口いっぱいに広がるようだと厳しいだろう。それでも貴重な肉に変わりはなく、昔の人たちは何とか食べられように工夫をしたのである。とはいえ無条件で美味い肉とはいえず、最近は食べる人がいなくなった。タヌキ料理、今では幻となったようである。

畑荒らしのハクビシン

穴内
（高知県安芸市）

珍獣はどこにいる？

ハクビシンはかなり謎の多い動物である。まず在来種なのか、外来種なのかが実ははっきりとしていない。農林水産省の出したハクビシンに関する文書でも併記してある。それによると、明治期になって毛皮を取るために輸入されたという説と、それ以前の江戸期の書物にハクビシンらしき記載があると記されているのだ。実際にハクビシンが特定外来生物に指定されていないのは、その辺りに理由がありそうだ。分布は結構かたよっていて、四国に圧倒的に多い。次に愛知県、静岡県周辺の東海地方と福島県、山形県等の南東北地方に多く生息している。雪の多い地区にはほとんどいないとなっているが、私は秋田県の田沢湖周辺で二度目撃している。雪がない九州はほとんど目撃例がなく、紀伊半島も数は少ない。このように分布の極端なバラツキがあるのも不思議である。

ハクビシンは、ネコ目では日本唯一のジャコウネコ科に属している。中国や東南アジアでは美味しい肉として認知されており、高級食材の部類らしい。ところが日本ではあまり食べる習慣がなく、ベテラン猟師ですら「あんなもん食えるんか？」と言う人が圧倒的に多い。不思議である。

基本的に猟をする人はなんでも獲って食べてみるのが普通だ。カラスでもハトでも、獲れる獲物はほとんど食べてみる。それが美味いか、不味いかはまったくの別問題なのだ。それなのに、ほとんど誰もハクビシンを食べたことがないという。これが非常に不思議だった。しかしある猟師に聞いたところ、「昔は狩猟鳥獣に指定されていなかったから獲らなかったのだ」と聞いて納得できた。狩猟の対象と見なされなかったから、食べたことのある人が少なかっただけなのである。このようなわけで、ハクビシンを捕獲してきちんと料理できる人を探すのはさすがに苦労したのである。

最初、愛媛県の猟師に獲れたら連絡をもらう手はずを整えたが、いつまでたってもナシのつぶて。たまたま近所に行った折に現地を訪ねると、なんと最初から罠など仕掛けてもいなかった。それでは獲れるはずがない。

次にあたったのは高知県の農家の人で、この方は自身のブログでハクビシン料理の話を載せている。これは期待できるかも……。

「獲れたら連絡します」

愛媛の人と同様のやりとりに若干の不安を感じる。しかし獲れるまで現地に住み込むわけにもいかないから、大人しく吉報を待つことにした。

そしてついにハクビシンが箱罠に掛かったという情報を得た。電話を切り、時計を見るともうすぐ昼である。てっきり朝一で連絡が入ると思っていたから、予定していた飛行機には間に合わない。こうなると、どのように行っても到着は暗くなってからだ。ならば急いで現場に向かう必要もないだろうと、二代目旅マタギ号に荷物を詰め込んで高速を突っ走った。

止せばよかった……もう若くはないのだ。飛行機とレンタカーを使ったほうが絶対に楽だったのに。疲れ果てて夜中にホテルへ到着。そして翌朝7時過ぎに電話で起こされ、急いで現場へと向かったのである。

絶景のミカン畑

待ち合わせをした場所には、すでに一台の軽トラックが待っていた。

「ここからは軽トラで行きましょう」

出迎えてくれたのは長野博光さん、高知県安芸市でミカン農家を営んでいる。挨拶もそこそこに、撮影の機材だけ持って長野さんの軽トラに乗り換えた。そこからはひたすら山道を登っていく。これがかなりの悪路で、山肌を縫うようにグルグルガタガ

収穫したばかりのミカンの味は絶品。これを木からそのまま食べているハクビシンは、さぞかし美味しいのだろう

タと進む。ヘアピンカーブを曲がり、さらに狭い道へと入ると、そこは完全に軽トラ専用の道である。

「この辺は全部田んぼやったんですよ」

そう言われて狭く暗い谷間を見ると、あちこちに石垣が残っている。小さな棚田の跡地らしい。

〝耕して天に至る〟

先人たちが苦労して築き維持してきた棚田は、暗く手入れされない杉林となっている。

「昔とちごうて、少うし雨が降らんと沢の流れがのうなるようになっちゅう」

手入れの行き届かない杉林は、風の

通りが悪く、日もまったく差し込まない。下草が皆無で雨のたびに表土が流れる。山の保水力が非常に弱くなり、沢が枯れる原因になっているのだ。そんな暗い杉林を抜けると一気に視界が開けた。太平洋へと向けた広大な土佐湾が眼下に広がる。

「これはいい景色ですねえ」

「そうでしょう、ここで仕事しとるのは気持ちええですよ」

しばし青い空と海に見とれていた。

長野さんはもともとミカン農家ではなかった。

それがどのような経緯でミカン畑を手に入れ、そして地元でも評判の美味しいミカンをつくるようになったのか。そのきっかけをつくったのが、実はハクビシンなのである。

やられたらやり返せ！

ミカン畑の中で罠に掛かったハクビシンを見にいった。箱罠の中の小動物は、特徴のある模様がはっきりと顔に見える。ハクビシンは〝白鼻芯〟とも表記するように、鼻の頭に白粉を塗ったような白い線が際だっている動物である。のぞき込むと、怯えたように箱罠の中を右往左往していた。

「こいつが器用なんですよ、ミカンの皮も綺麗に剝いて食べよる」

そう言われて畑の中をよく見ると、確かにハクビシンにやられたミカンは中味だけがなくなっている。剝いた皮は、木の下にまるで花びらのように大量に落ちていた。ハクビシンは木登りが大得意の動物で、前足はどちらかというと猿のそれに近い。細い枝でもしっかりと掴むことができるくらいに繊細に動かせる。畑のスイカも中身だけ綺麗にくり抜いて食べるそうで、遠目にはやられていると分からないらしい。

長野さんが罠猟の免許を取ったのは11年前、52歳の時である。田畑を荒らすイノシシに我慢がならなくなり、反撃を決意した。

「もうひどいんですわ。あれは一晩でめちゃくちゃに荒らしまわる。そいで農業止めたいう人が近所にはたくさんおるんです。私は絶対に許せんかった。やられたらやり返しちゃろ思うて。お前ら見とれよ、絶対にお前らの肉で弁償してもらうけんな、いう気持ちでした」

そこで長野さんは畑や田んぼの周りに罠を仕掛けるが、なんと最初は無免許。

「猟友会が『それは違法じゃ』いうてきたんやけど、何が違法じゃ！　自分の畑を自分で守って何が悪いんじゃいうて喧嘩しましたね」

眼下に太平洋を見下ろす絶景の畑。太陽と海がつくり出す旨味がミカンに凝縮される。この場所は最高だ

ミカンの木の下は、まるで花が散ったかのように皮が散乱している。獣害を完全に防ぐ方法はない

段々畑の間に仕掛けられた箱罠。普通に人が作業をしている場所である。夜行性だから、昼間見かけることはほとんどない

ハクビシンをおびき寄せるおやつは、揚げパンとアジフライ。コレステロール値が気になるおやつだ。収穫したハクビシンとミカンを軽トラに積み込む。メインディッシュとデザートが一辺に手に入ったようなお得感満載の軽トラ

しかし無免許はまずかろうというので、すぐにきちんと罠猟の免許を取得して、本格的に反撃へと乗り出した。

「最初の二年間は獲物ゼロですわ。師匠筋？　いやそんなもんはおらんです」

罠猟は経験を積み重ねて会得していく技術である。ベテランは、苦労して工夫して時間と金を掛けて会得してきた。それを簡単に教えてくれとは絶対に言いたくなかったそうだ。そこで長野さんは山を駆け回り、他人がどんな罠の掛け方をしているのかをじっくりと観察することから始め、独学で獲物の獲り方を身に付けたのである。

最近は行政の後押しもあってわな猟免許を取る人が増えているが、大半は続かない。誰もが、罠を仕掛ければそのうち間違っても獲れるだろうと軽く考えている。しかしそう簡単には獲れないのが現実なのだ。2シーズンも獲物がなければ、大抵の人はあきらめてしまう。そこを乗り越えられるかどうかが難しいところなのである。

ミカン畑で捕まえて

ハクビシン以外にも、長野さんのミカン畑には多くの動物が現れる。もちろん絶品のミカンを狙ってのことだ。イノシシは主に木の下のほうのミカンを食べるが、ハクビシンと違いもぎ取って食べるから、木にはヘタの部分がわずかに残るだけだ。鳥は大切なミカンにポツポツと穴を開けるが、そこから実が腐ってしまう。シカは実ではなく葉を食べるが、これもまた厄介な存在なのだ。

「ミカンの実を一個生らせるのに、葉っぱが25枚は必要なんですわ。それをシカが食べてしまうから実が生らんようになってしまう」

全方位から狙われるミカン、一体どれくらい美味しいのか頂いてみると……、

「美味い!!　甘くて凄く美味しいですねえ」

お世辞ではなく、心底美味いと感じる。

「高知の山北ミカンはほとんど県内消費で、あまりよそには出回らんのですよ。美味しいんで評判でね、糖度計で計ったら最高が16度を超えとったきぃ」

16度!!　これは驚きの数値である。イチゴが甘くて13度程度だから、いかに長野さんのミカンが甘くて美味しいかが分かる。このミカンに惹かれて多くの動物が寄ってくるのも納得できる話だ。

長野さんは食害で悩む近所の農家のため、積極的に駆除を買って出ている。そして捕獲した獲物の肉を必ず被害農家に持っていくそうだ。

「これで少しは腹の虫をおさえてください、言うて持っていくと、みんな喜んでくれ

歌舞伎の隈取りのようでもあり、また覆面レスラーのようでもある顔の模様。くりくりの目で可愛いが……

学校から帰ってきたお孫さんたちも、ハクビシンに興味津々。これを解体する前に、まずは収穫したミカンの選果作業を行った。選果と同時にブラシ掛けしてピカピカになる。ノーワックスで輝く艶のミカンになるのだ

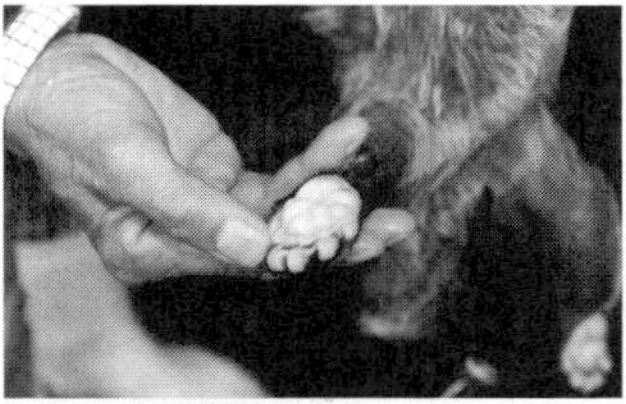

下）動かなくなったら、その場ですぐに血抜き作業をする。体が小さいのでさほど多くはないが、丁寧に血を抜く。左）まるでサルのようなハクビシンの手のひら。これが木登りや器用にミカンの皮を剝ける大きな理由である

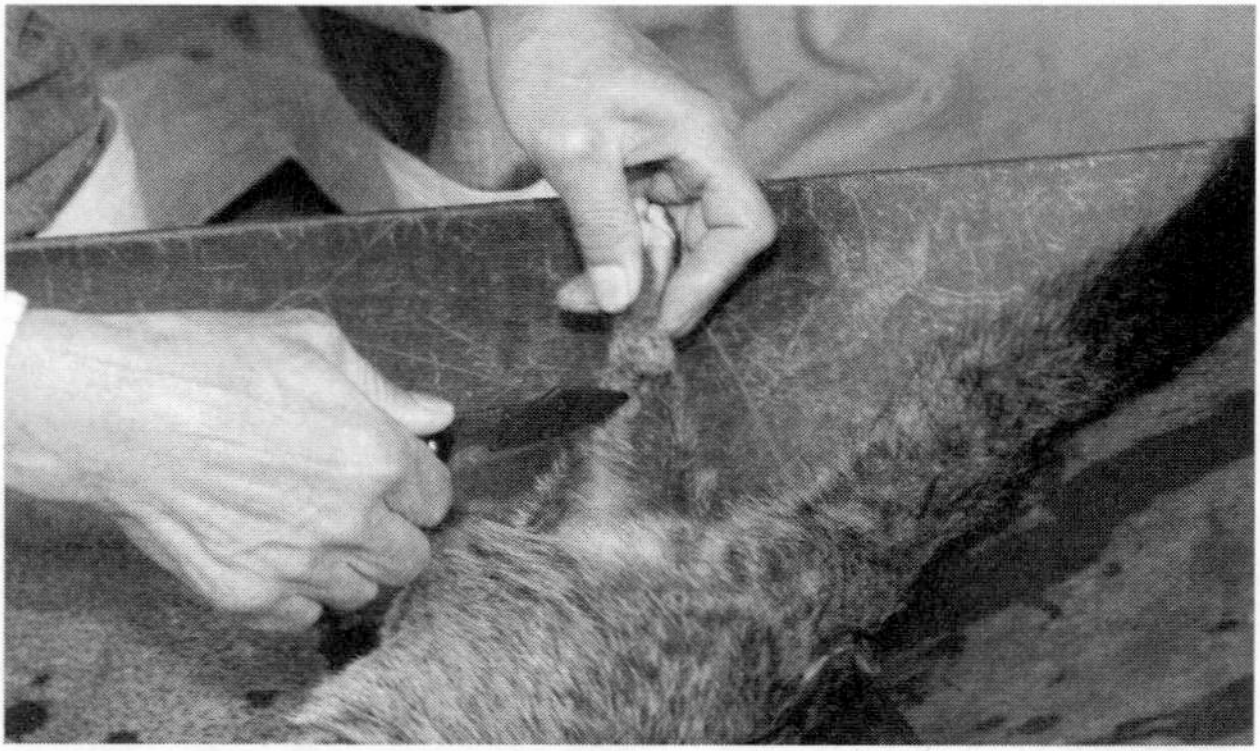

まずは、縛るための穴開け作業。途中で落ちないためには、骨と腱の間に切り込みを入れたほうが無難である

紐を使ってハクビシンを吊したら、両脚から切り目を入れて皮を剝いでいく。最初に皮を剝ぐやり方は、クマなどの大型獣も共通したて手順である

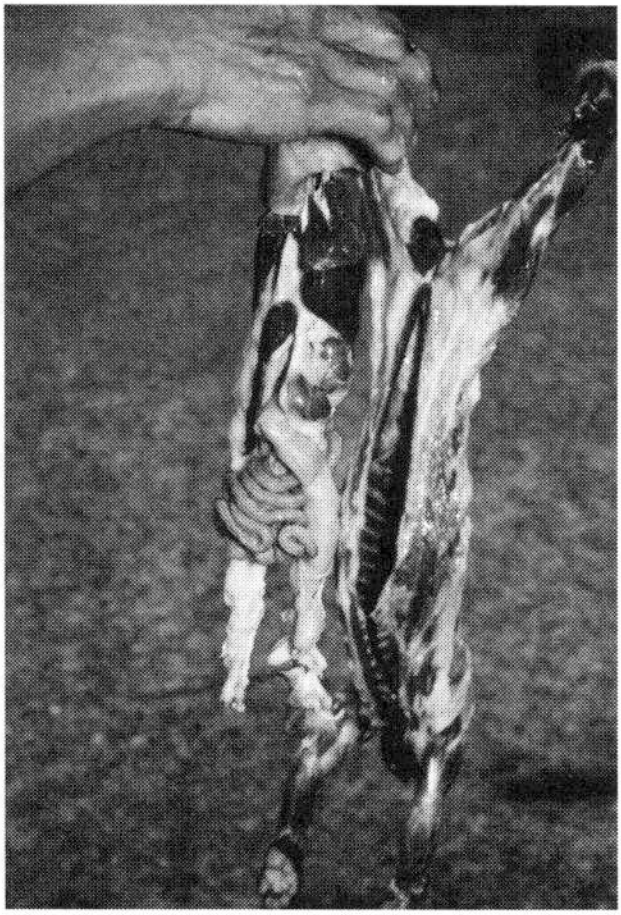

皮を剥いだら、内臓を一気に抜く。このときに、肛門付近の臭腺を綺麗に抜くことが大事だ。最初に肛門周りを切り取ると、するりと気持ちよく内臓が取れる。当たり前の話だが、口から肛門まで繋がった器官であることが一目で分かる。大型獣ではこのように見えることがなく、実に分かりやすく、教材としても価値があるのではないだろうか

るんじゃ」

こうして知り合ったのが、ミカン畑の前の持ち主である。長野さんはミカンの美味さに惚れ込み、積極的に駆除を行った。そのうちに、高齢でミカンづくりを止めるとその持ち主が言い出した。

「そらあもったいないと言うたら、じゃあおまんがやらんかと」

こうしてミカン畑を買い取った長野さんは、予想だにしなかったミカン農家になったのだ。まさにハクビシンが取り持つ不思議な縁である。

「ミカンの被害は肉で弁償してもらう」

その言葉通りに、長野さんはシカやイノシシの肉を経済に変えている。食肉処理や販売の免許を取得して地元の産直市場で売っているのだ。ここまでやる人は実は非常に珍しい。有害駆除で仕留められた獣の有効活用が全国で叫ばれているが、実際にはそのほとんどが未処理で廃棄されている。販売にこぎ着けるまでの法的な壁の高さがそれを阻んでいるのだ。その最も厄介なことをクリアしてまでやるのは並大抵の熱意ではない。

「近所の人にもわしゃ獲れ獲れ言うとるんですよ。獲ればそれだけ確実に被害が減るんやきぃ。それと一番大きいのは精神的な問題」

狭い段々畑を走るモノラック。これがなければ、ミカン畑での労働はかなり過酷なものになる。ほぼ水分の塊のようなミカンは非常に重い。それを人力ですべて集めていた先人の忍耐力には頭が下がる

長野さんによれば、丹誠込めてつくってても結局やられてしまうと、何のために一年掛けて世話してきたのか分からなくなる。精神的に参ってしまうのが一番つらいことだというのだ。

「一生懸命働いてるのに、毎月給料日になると強盗が入ってきてその金を持っていかれるようなもんですよ。そんなの耐えられないでしょう？」

実に分かりやすい例である。そんな理不尽な仕打ちに黙っているのではなく、反撃することで精神的には大変楽になったというのだ。

「実際みんなには獲れ言うけんど、実際に獲れたら危ないきね。向こうは命がけやから」

罠猟の銃猟との最大の違いは、獲れた相手が生きていること。生き延びるための抵抗は激しいものがあって、これに対処するにはある程度経験が必要なのである。うかつに手を出すと自分がやられる可能性があるからだ。

「最初のころ、剣鉈（けんなた）ひとつで処分しちゃろ思うて近づいたんやけど……」

なかなか良形のイノシシだった。しっかりと罠に掛かっているように見えたので近づくと、いきなりすごい勢いで体当たりをしてきたのだ。長野さんは、剣鉈を手にしたまま斜面を数m滑落してしまった。

「向こうは死に物狂いやからねえ。そいで足が切れて突っこんできてねえ。後で『お前そんなことしとったら死ぬで』言われましたよ」

一見、小さそうに見えても、イノシシの突進力は凄まじいものがある。特に雄が持つ牙に足の動脈を切られると、人のほうが命取りだ。雌でも必死で噛みついてくるから、狩るほうも無傷ではいられない。獲物を獲れば獲るほど、注意深くなるのが腕のいい罠猟師なのである。

ハクビシンを食す

猟期はちょうどミカンの収穫時期と重なり、長野さんは大変忙しい。ミカン畑を引き継ぐまでは近所の山を縦横に動き回っていたが、今はそれもできない。もっぱらこの時期の猟場は、自分のミカン畑の中に限られている。そこにシカ・イノシシ用のくくり罠とハクビシン用の箱罠を仕掛けるのだ。

箱罠の状態を見せていただくことにした。狭い段々状のミカン畑の中は歩きにくい。石垣と繁茂したミカンの間を抜けるのにかなり苦労する。

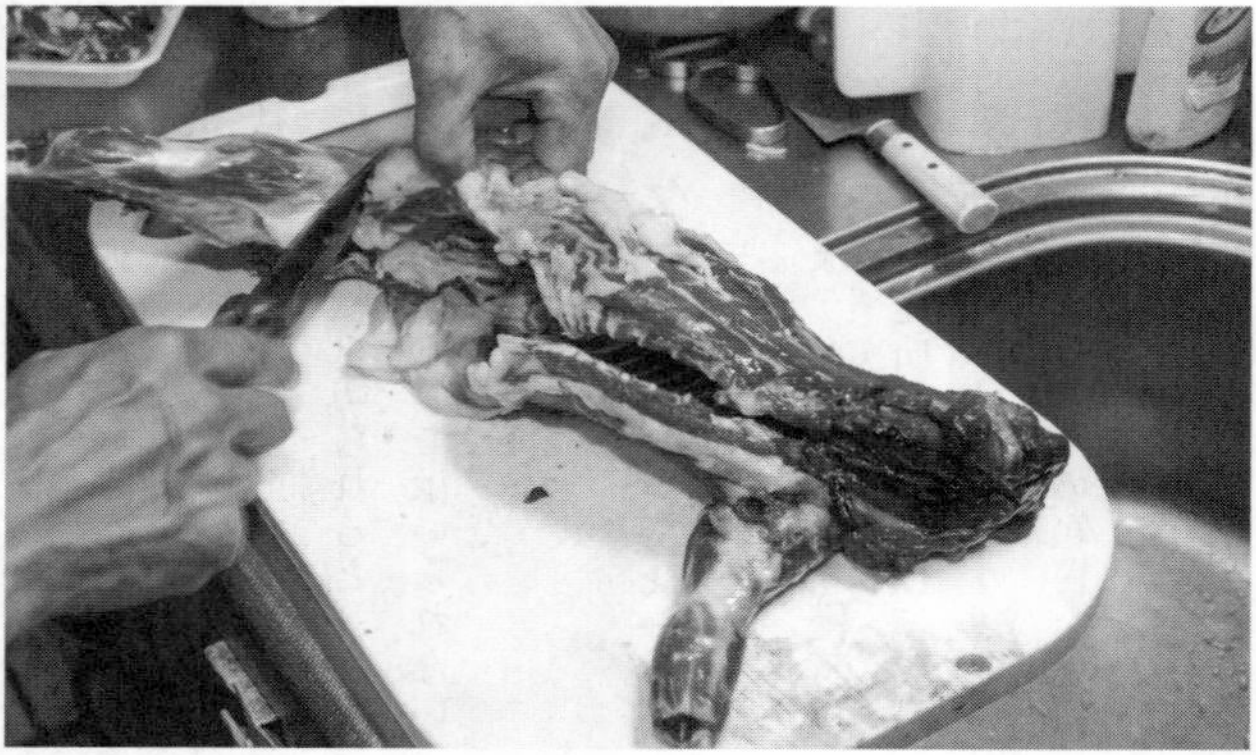

家庭用のまな板で収まりきる程度のハクビシンの半身。これなら、どこの家でもハクビシンの解体は楽勝だ

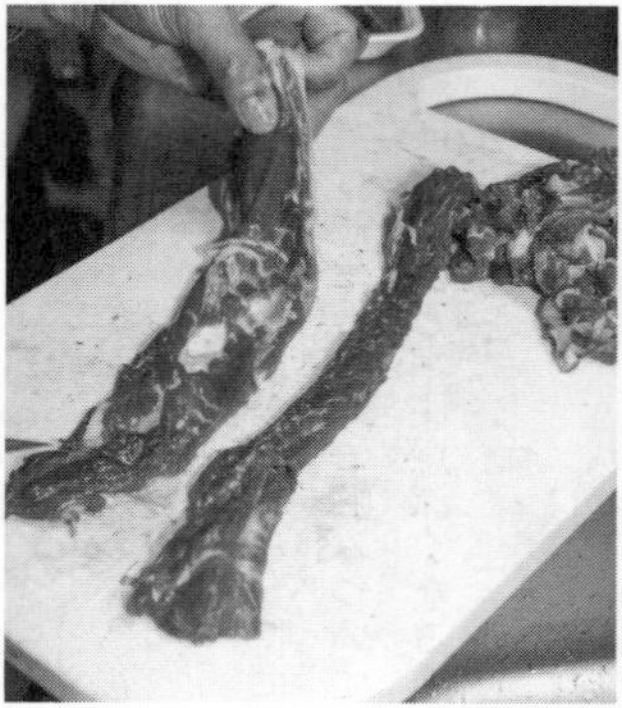

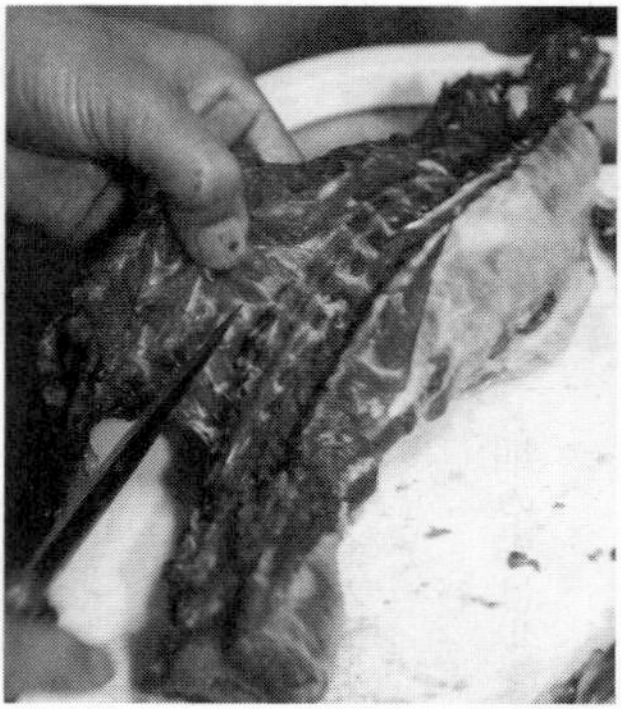

四肢を外して、バラ肉とロースを切り取っていく。この肉の切り取り作業は基本的に狩猟獣ならどれも同じで、解体作業の工程に獲物の大きさは関係ない

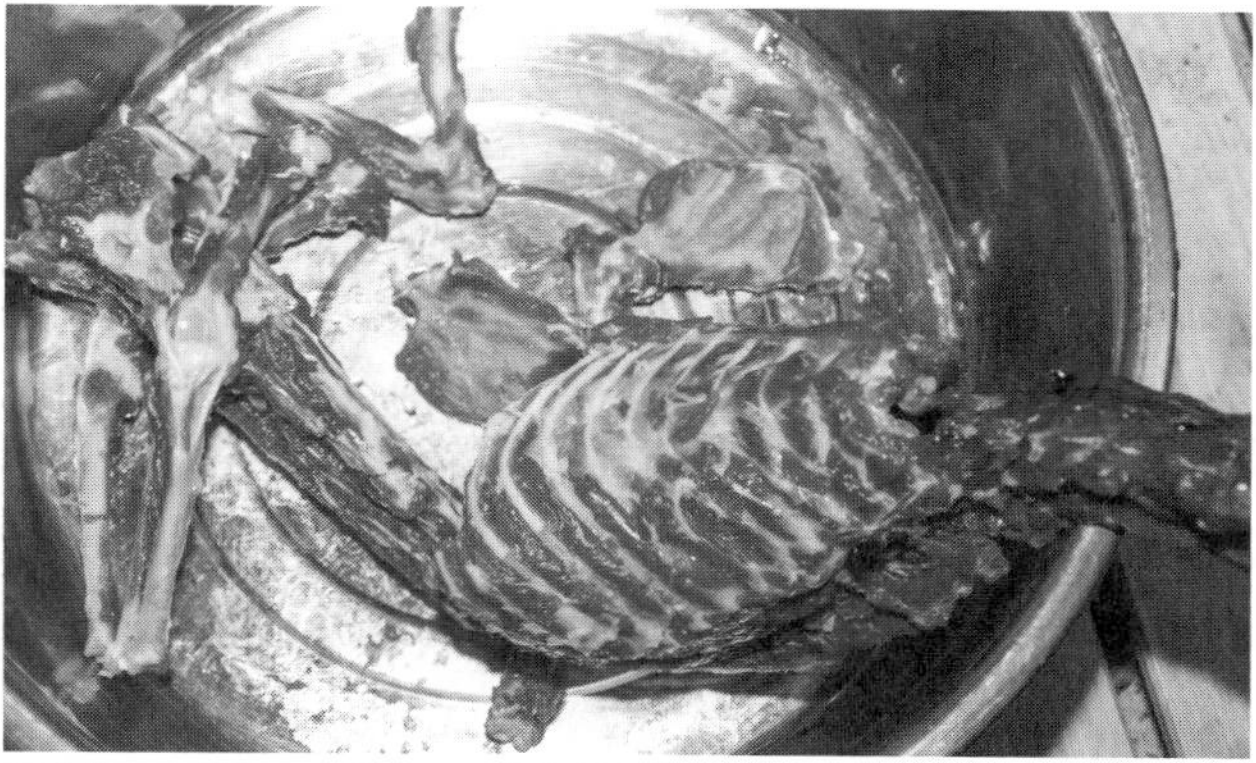

肉を外した後のハクビシン。鳥と言われれば、信じてしまうかもしれない。それぐらいに華奢である

ひと口大に切れば、もう何の肉かは獲った人以外には分からないだろう。それほど違和感のないいい肉なのだ

これは完全に牛肉にしか見えない。色艶がそっくりである。妙なにおいが一切ない上品な素材である

焼いても何ら問題はなし。牛肉よりも美味しい香りがして、脂は牛肉よりもあっさりとした感じだ

これがハクビシンのメインディッシュ。やっぱりすき焼きが最も相性がいいかも……というより、ほとんど牛肉

「おじいちゃん、何食べちゅう？」「これはハクビシン」。晩ご飯が終わったばかりで、お孫さんはさほど興味を示さない。残念だなぁ、もう少し早ければ

〝ゴッッ〟

ぐおうっ‼　左足から力が抜けた。モノラック（ミカン畑等の急斜面での作業で使われる簡便なモノレール）の支柱に膝頭を食い込ませたのだ。感覚がなくなり、立っているのがやっとの状態だ。膝から下が痺れている。それでもなんとか長野さんに付いていったが、ひどいものである。

ミカンの木の下に置かれた箱罠は、初めて見るタイプのものだった。黒いビニールコーティングが施されている。

「これは価格ｃｏｍで調べてね、今はアマゾンで注文もできるんですよ」

アマゾンで箱罠が買えるとは知らなかった。値段も、私が知っている小動物用の箱罠よりかなり安い。感覚的には半額程度なのだ。実際にくくり罠は安くても５０００円以上、箱罠は大きさにもよるが、１万円と考えておけば見当外れになることはない。法定数の30個の罠を仕掛けるとなるとかなりの出費になるから、この価格はありがたい。

中をのぞくと、トリガーに繋がるフックにはアジフライと揚げパンが掛けてあった。ハクビシンは樹上生活で木の実や果実を好む。それが果樹園に現れる原因なのだが、周りに食べものが豊富にあってもなぜ箱罠に入るのか不思議だった。箱罠の説明や駆

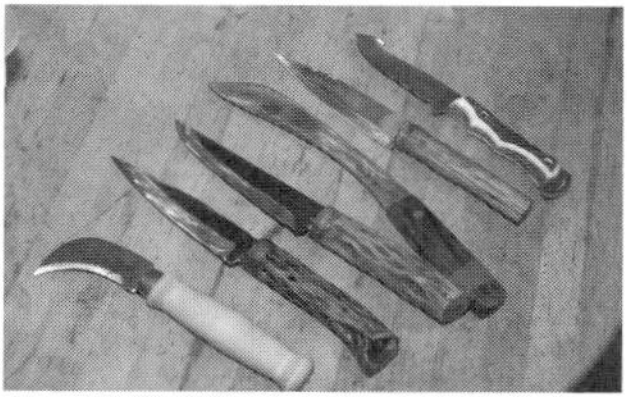

農業も漁業も、従事する人は刃物の扱いに慣れている。もちろん猟師もそうで、フィールドに出る人は自然と刃物扱いがうまくなるのだ。それは料理の腕にも直結する傾向が強いように感じられる

除のやり方には、たいてい餌にバナナ等の果物を使うと書いてあったからだ。実際にミカン溢れる畑で、まさかミカンを餌にしても入らないだろう。アジフライと揚げパン、これは予想できなかった。あっさりした果物を食べた後は、こってり脂っこいものがデザートになるようだ。

「弁当の残りでもよう掛かる言う人もおるよ。この箱罠は畑に5個仕掛けちゅう」

たった5個しか仕掛けないのに、猟期になって数匹のハクビシンを捕獲しているというから、効率が非常にいい。しかし、この猟場は本当に気持ちがいい。普段の狩猟現場は寒風吹きすさぶ山中が多い。マタギのウサギ狩りなら、3m以上の豪雪の中に埋まるのである。それがここは何だ!! 青い空に青い海、そして爽やかな風が吹いているではないか。同じ猟期なのに驚きの差である。

昼近く、軽トラに収穫したばかりのミカンと昨日捕獲したハクビシンを積み込む。畑から肉と果物が同時に手に入る、何とも不思議な光景である。長野さんは日中、収穫と選果をしなければならないので、ハクビシンはすぐに解体できる状態ではない。それらの作業が一段落する夕方までは庭の片隅に置かれたままである。

イノシシ用の箱罠と違い、小型獣用の箱罠は設置も移動も簡単だ。とうぜん獲物の止め刺しも楽である。長野さんは、ハクビシンの入った箱罠を手押し車に積み込むと、ゴトゴトと集落の細い道を進む。突き当たりには小さな流れがあった。堰き止められた部分は野菜等を洗ったりするのだろう。その深みへ箱罠を放り込んだ。

〝ザブッ!〟

冷たい水の中に沈んだハクビシンは、空気を求めて罠の中を動き回る。右へ左へ、そして意外なほど早く動かなくなった。流れから罠を引き上げると、すぐにハクビシンを取り出す。そして血抜き作業に掛かる。大型でも小型でも、迅速な血抜きが肉の質を左右するから、のんびりとはしていられない。胸元の動脈を切断すると、逆さにして血を流し出す。ぽたりぽたりと流れに落ちる赤い血は一瞬で朱に広がり消えていく。こうしてしっかりと血抜きが済めば、後は解体作業である。

小型獣の解体は、後ろ足を縛って吊した状態で行うのが一般的だ。この時、片足だけ吊す方法と両足を吊す方法があるが、それは解体をする人の好みの問題である。長野さんはナイフで骨とアキレス腱の間に切れ目を入れ、そこを縛る。ウサギのように足が大きな動物の場合はそのまま縛っても落ちることはないが、小さな足の持ち主の場合はこのほうが確実だろう。

「結構脂が付いとるでしょう。これが夏場は真っ赤なんですよ、脂ゼロだから」

確かに、皮下脂肪は冬眠する動物に比べればはるかに少なく赤身の多い体だ。こう

長野さんが釣り上げた1m超のアカメ！　主に高知県と宮崎県に分布するスズキ科の大型魚である

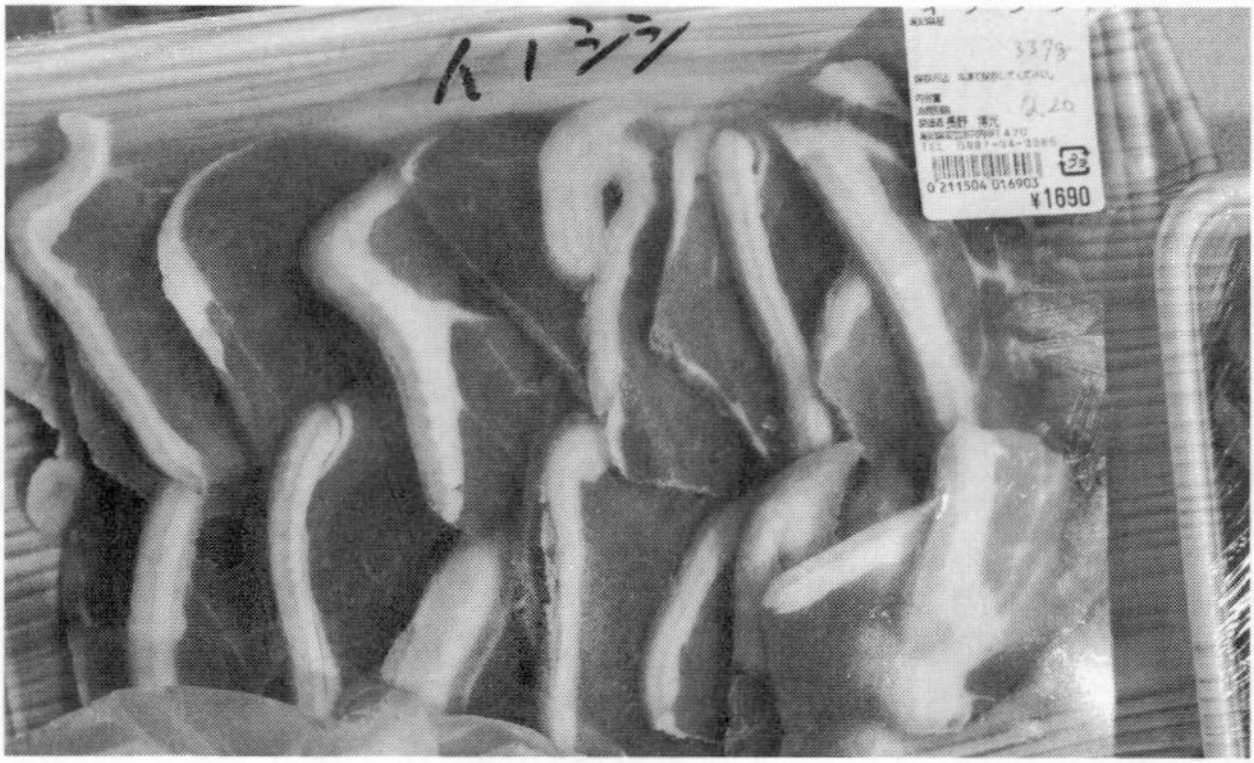

長野さんは獲った獲物を食肉として販売している。畑の被害を、まさに身をもって獲物に賠償させるのだ

して皮を剝いだ状態で眺めると実に小さい。恐らく元が４kg程度であるから、内臓や皮、そして骨を除くと、ほんのわずかしか食べるところはなさそうだ。

丁寧に全身の皮を剝いだら四肢を外す。これはクマのような大型獣もまったく同じやり方であるが、ここから先は台所での作業となった。

まな板の上であばら骨を外してロース、ヒレそしてモモと肉を切り出していくと、これが意外に量が多い。

「ハクビシンは歩留まりがいいんですよ」

長野さんが言うとおり、小さく見えても取れる肉の量は結構あるようだ。そして、なによりその肉質に驚く。実に綺麗な赤身で臭みもまったくない。吊されていた時にもにおいを嗅いでみたが、無臭であった。

では、捌いたばかりの新鮮なハクビシンを頂きます。まずは、一番その肉本来の味が分かる塩胡椒だけの焼き肉をパクリ。ああ、これはいい歯応えだ。嚙めば自然と旨味が溢れ出てくる。高級霜降り和牛のような嚙む必要もないご老人向けの軟弱肉とはまったく違う。市販のブタやニワトリよりも固めである。ケージに入れっぱなしの運動をさせないコンニャクのような肉とは違うのが野生獣なのだから、それは当然だろう。口の中には肉本来の微かな甘みが感じられる。地鶏にも似たところがあるが、とにかくこれは癖がない。よく牛肉に似たと形容されるが、牛肉のほうが臭みはある。本当に上質の肉といえる。次にすき焼きで頂いたが、これもあっさりとして実に美味しい。ハクビシンは牛肉を使った料理レシピにはほとんど応用が可能で、なおかつ牛肉よりも美味しくなるだろうと感じられた。特にこの時期の個体は、たっぷりと果物を食べて脂も適度に付いているから最高品質ではないだろうか。

現在ハクビシンは果樹を中心に農作物の被害が増えているが、それを獲って食べる人はごく一部の地方に限られている。一匹捕獲すればその分確実に被害は減るわけで、おまけに美味しいとなれば言うことはない。駆除という無粋な言葉ではなく、丹誠込めてつくった作物を食べて育った畑の肉と考えればいい。何を食べているのかがこれほどはっきりしたものもないのだから。愛媛県のミカンダイならぬミカンハクビシン、食べる価値ありの肉である。

――【COLUMN】肉を喰ってきた日本人――

日本人は瑞穂の国の住人で、基本的には草食系の大人しい人種だと考えがちだ。山や海での採集漁労で命を繋ぎ、地の神に感謝する人々。獣を打ち倒すことは不得手な国民であると思い込んでいる節がある。それは本当のことだろうか。

東京大学の米田穣教授が縄文時代の遺跡から発掘された人骨の成分分析を行った結果が興味深い。人間を含めた動物は、その骨の組成を調べれば何を食べて体がつくられたかが分かるというのだ。骨に含まれるアミノ酸等を窒素同位体N15とN14の比率を調べるという、私には理解不能の分析の結果、なんと縄文人は、草食系動物よりも肉食のキツネにほぼ一致するということが判明した。この調査は長野県の栃原岩陰遺跡から出土した人骨で行われた。栃原岩陰遺跡は非常に規模が大きい。それほどの人口を支えるには、獲れるかどうか分からない不確定要素の高い狩猟採集では無理で、実はすでに農耕が始まっていたのではないのかと推測されていた。しかし最新科学を応用した分析は意外な結果だったのである。

この結果は、日本列島が今よりもはるかに豊かな森に覆われ、多くの生き物が暮らしていた証でもある。もちろん捕食者である縄文人が30万人程度しかいなかったわけだから、食料としては十分にこと足りたのだ。弥生時代に稲作が入ってきたことで人口が増え、食料自給における狩猟採集の比率は下がった。しかし狩猟が廃れることも、その技術が失われることもなかったのである。

1988年、静岡県三島市で石器時代の狩猟遺跡が発見された。それは約2万7000年前に使われた落とし穴の遺構である。直径と深さが1・5mの落とし穴が169個も発見されている。落とし穴という狩猟装置は、縄文時代に入ってから使われ始めたとそれまで考えられていた。それがこの発見で一気に1万年以上遡ったのである。これほど大量の落とし穴群は世界的にも珍しい。

石器時代、人々は家族単位に近い少数の集団を形成していたと考えられてきた。ところが、落とし穴群の発見でそれが覆されたのである。多数の落とし穴を掘り、そこへ獲物を追い込むにはまとまった人数が必要だ。狩猟集団を形成して組織的に動かなければ獲物は獲れないから、社会性も高かったのではないだろうか。このことから考えると前述した栃原岩陰遺跡の分析結果にも納得がいく。縄文時代のはるか以前から人は協力して獲物を追っていた、肉を得るために。しかし、現代社会では狩猟は縁遠い行為だ。知り合いに猟師でもいない限り、仕留められた獣の姿を見ることはない。

我々の祖先が狩りをしなければ生きていけなかったことにすら興味が沸かないのが現代人である。

肉を得るには、まず命を奪う必要がある。動き回る動物を殺し、血と脂にまみれて解体して初めて肉という食物に変わる。昔は家で飼っていたニワトリを潰し、家族全員で食べた。記憶が〝かわいそうで食べられなかった〟と〝美味しかった〟に分かれるのは当然である。この経験は今や貴重なものだ。他者を食べることで自分の命を繋ぐという命の再生産に自らが参加できたのである。このような行為を教育現場で評価する動きもある。体験型学習で命の大切さや尊さを学ぶ目的らしい。手を合わせて命に感謝するのは決して悪いことではない。しかし授業の延長上でやらされ、無理矢理書かされた感想文がどれも同じような文言が並ぶのは少し残念である。狩猟の機会のほとんどない現代人にとって、肉は工業製品のようだ。綺麗にパック詰めされた肉にも、元は顔があり頭がありそしてその体内に熱い血が流れていたことなど思いもつかない、いや思いたくもないのだろう。狩猟行為を非難する人は少なからずいる。かわいそうだ、残酷だと彼らは言う。しかし、自身の手をまったく汚さずに肉を貪り食う人たちに猟師を非難する資格はない。

北陸のカモ撃ち

白山、小松
（石川県）

シカやイノシシそしてクマ等の生息範囲は限られている。それに対して鳥は飛べるだけあって行動範囲は広く山、川、海辺、田畑そして街中でもその姿を見ることができる。東京のど真ん中でも池や川にカモが泳ぐ姿が見られるのだ。

都市化が進む遥か以前なら近所の小鳥を獲って食べるのは当たり前の行為だった。地方で古老に話を聞くと子供の頃は頻繁に罠で小鳥を捕獲している。大体は毛をむしって囲炉裏で焼き鳥にしておやつ代わりにして食べたという。カモやヤマドリを手に入れることは子供には難しいが、小鳥なら知恵と工夫で何とかなったのである。

昔の漫画では米粒を撒きその上に紐の付いたつっかえ棒をしたザルがよく描かれていた。スズメがザルの下へ入るのを物陰からじっと待つ。ここぞというタイミングで紐を引くとザルがぱたりと倒れてスズメが獲れるという仕掛けなのだ。漫画でしか見たことがないが、実際に昔の子供たちは競って行っている。このように身近な小鳥を捕獲することは肉食の入り口的存在だったともいえるだろう。

カモを求めて彷徨う

〝ガタ、ガタ、ガタ、ガタ〟

畦道を疾駆するジムニーは小刻みに震えている。フロントガラスには雨が時折ザッと降りかかる。空はどんよりと曇っている。残念ながら天気予報は当たったらしい。

「いやあ、この辺はもうあんまりおらんかもしれませんねえ。もっと下に行っとるかなあ」

広がる田んぼの中、ハンドルを握りながら周りを鷹の目で見回すのは奥村茂寿さん。松任駅の近くで「山海里」という飲食店を営むオーナーシェフである。

「解禁日は結構おるんですけどねえ、この辺りは」

11月15日の解禁初日はまだバンバンと撃たれ慣れていないカモたちが羽を休めている。それも2、3日すると隠れやすい所、そして多くは禁猟区へと飛び去るのだ。猟区でも広い川の中程やダムの奥、つまり弾が届かない場所へと移動する。

「ほんま頭ええですよね、あいつら」

確かにカモはああ見えて賢いのだ。以前、大分県で取材をした時には人影が見えるとすいすい泳いで散弾銃の射程外へと移動するのだから。

農道からぐるっと田んぼを回る。間に小さな用水の流れが結構あってそこにカモがいるらしい……いないけど。

発砲は夜明けからと決められている。ちょうど今頃は午前7時過ぎが夜明けなので、通勤の車が行き交う時間帯でもある。

「こういう所はね、キジも時々おるんですよ。ほら、あそこにカラスがおるでしょう。あの中にようキジが紛れこんどるんですわ」

奥村さんが指さすほうを見ると刈り取りが終わった田んぼで何かをつつくカラスの群れが見えた。あの中にキジがいることもあるのか……いないけど。

「ここはおりませんね、ほかに行きましょう」

畦道から側道へジムニーを乗り出すと一気に加速して県道を走る。途中で渋滞にはまるが、時計を見るとまだ8時過ぎ、どうやら金沢方面への通勤ラッシュらしい。家が立て込んだ地区から川沿いの測道へ入ると狭い道にもかかわらず対向車が頻繁にやってくる。抜け道になっているのだろう。時折、道を譲り譲られながらカモを探すがなかなかその姿は見つからない。

カモは流れる川の中

川の中を覗き込みながら進んでいると前方にクレーン車が見えた。その横には工場でも建つのだろうか、かなり広い建設現場がある。石川県は来るたびにどんどん新しい道、線路、工場、ビルができているが、よほど景気がいいらしい。

「おった!!」

高速道路の下をくぐり少し進んだ所で奥村さんが叫ぶ。ジムニーを端に止めると、双眼鏡で慎重に相手を確認する。

「行きますよ」

奥村さんは銃を手にすると身を伏せながら土手を降りる。その下のカモに気づかれないように枯れ草の間からうかがっていると、

〝バサバサバサッ〟

不穏な空気を察知したのか2羽のカモが飛び上がった。急いで土手を上がってきた奥村さんは顔をしかめつつ空を見上げる。

「あっ、降りますねえ」

カモは200mほど上流へと舞い降りる。もっと遠くへ行けばいいものを……。

すぐにジムニーに飛び乗ると先に見える橋を目指す。そこから対岸へと渡り、撃つらしい。ジムニーのドアを開けたままで銃を手に土手を降りる奥村さん。辺りを見渡すと反対側には工事車両が行き来している。

山の中で見えない獲物を相手にするのとはまた違う緊張感。平野部での鳥撃ちは独特の面白さが魅力だ

流れるカモを掬い取る。なかなかお目にかかれない絵柄である。たまに回収に失敗すると下流の人が喜ぶ？

〝獲ったどぉ〜っ〞っと雄叫びを上げることはないが、やはり嬉しさは全身に滲み出る。獲物は喜びをもたらす

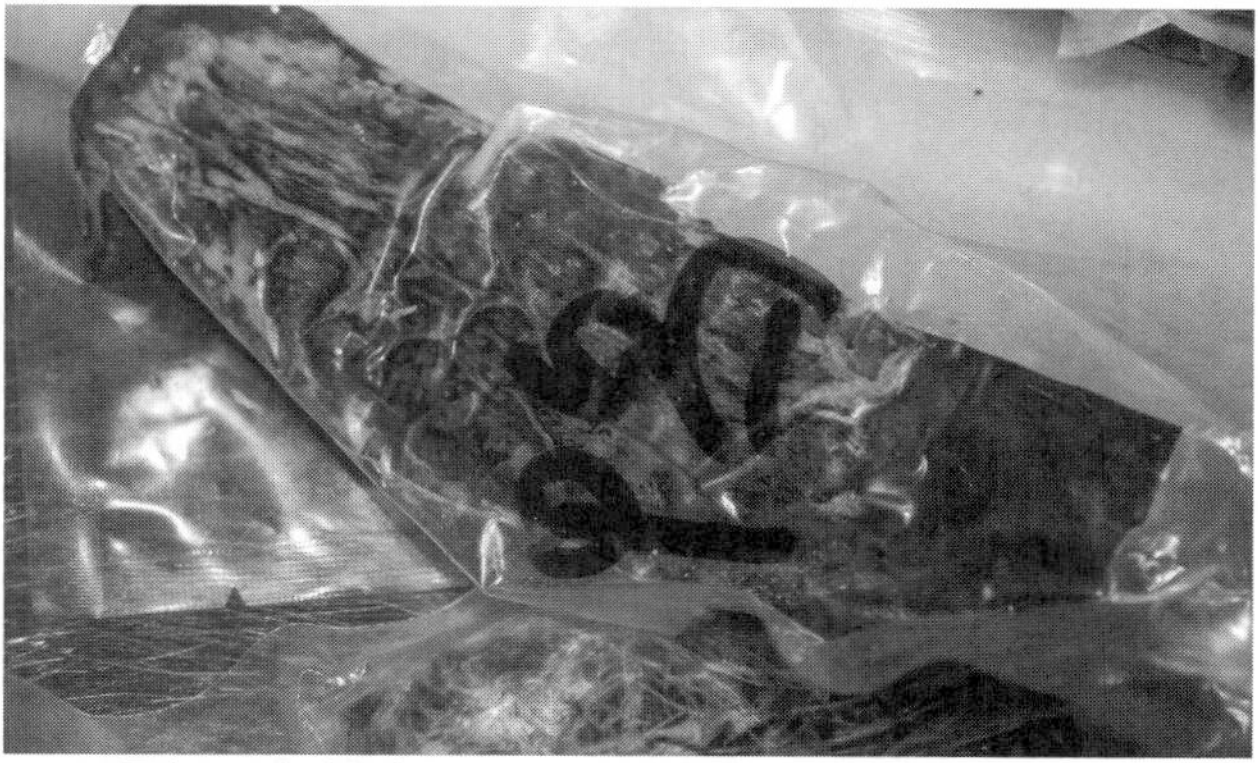

カモの昆布ジメ冷凍保存。昆布ジメはもともとサバなどでつくられる場合が多い。ある時にふとサバで昆布ジメができるのなら鳥でもできるのではと思いついたのがきっかけだそうだ

〝パンッ〟

静かな山の中とはまた違う発砲音である。すぐにかき消される音は誰にも気づかれることがなかった。奥村さんはこちらを見上げて大きくうなずいた。

上がってきた奥村さんが次に手にしたのはタモ網である。６ｍもあるカーボン製のタモ網でカモを回収する作戦だ。川沿いに降りるとタモ網を延ばす。そしてカモをすくい……できない。バタバタともがきながら流れるカモは川の中ほどへと進んでいく。網が届かない。

「反対側に行きますからちょっとカモの様子を見ていてください」

そういうと奥村さんはジムニーに飛び乗り向こう岸へと移動して行った。

ばたつくカモは川の中程にある橋脚の渦を通り過ぎゆっくり下流へと向かう。その姿を追いながら私も岸を歩く。しばらくすると反対側の道へジムニーが到着。タモ網を延ばしながら奥村さんが降りてきた。私は流れるカモを示しながらカメラを構える。ばたつくカモは簡単に回収された。

「いやあ、ああいう場合は見失うことがあるんですよ。だから誰かが見ていてくれると助かるんです。ああ、でもよかった獲れて」

ニコニコしながらカモを手に奥村さんは嬉しそうだ。

カモ猟の現場へは今までに何回か行ったことがあるが、今回はかなり趣が異なる。まず犬がいない。いつもならば銃声が轟いた後は犬が血気盛んに飛び出すのだ。もちろん彼らの役割は回収である。それがいないからどうするのかと思ったら網ですくうというまさかのローテク。ネットで知り合った猟関係の人がラジコンボートにフックを付けてそれで回収するというハイテク?を紹介していた。犬がいなくても回収は知恵で何とかなるようだ。ただし半矢状態で逃げ回ったり茂みに隠れたカモはやはり犬にしか捕らえることはできないだろう。

狩猟と料理人

見た目はベテラン然とした奥村さんだが、実は、狩猟を初めてまだ2シーズン目だ。それ以前にたまたま獣肉が手に入る機会があった。その美味しさに魅了されたのがきっかけで猟にも興味をもつようになる。

「もらった肉が美味しかったんですよ。これは料理に使えるんじゃないかなとすぐ感じましたね」

そこで奥村さんは肉を頂いた猟師の仲間に入り、箱罠猟の現場や鳥猟に連れて行ってもらうようになる。

「もう7年になりますよ、お付き合いしだして。そこでどうしたら美味しい肉になるのか処理の仕方を覚えたんです。こうすればいい肉ができて、それが料理の素材としてはすごく魅力的だと感じました」

奥村さんは、昨年は免許を取って初めての猟期だったが、なんと鳥に関してはカモが28羽、キジ4羽という名人級の猟果を残している。

「これぐらい獲れればある程度はお客さんに出せるかなあと思いましたよ。えっ？名人？　いやあ名人は勘弁してください」

奥村さんは「山海里」をオープンするまでは金沢市内のフレンチの店で働いていたが、料理人人生は中華でスタートしている。現在店の形式は居酒屋で、多くのメニューを出せるのが楽しいという。気取ったコース料理ではなく気軽にジビエを食べてもらいたいそうだ。ジビエを初めて食べるお客さんの驚いた顔を見るのもまた嬉しい。

「脳みそが好きな人は結構おるんですわ。イノシシの脳みそを天ぷらにして出したら好評でしたよ」

脳みその天ぷらとは獲れた時にしか食べられない珍味である。多くのメニューがある一方で、こんなサプライズもあってお客さんも嬉しいだろう。

狩猟の可能性

カモを追ってジムニーは走り回る。水路から田んぼへ、また水路へ。途中、カモが大挙して休んでいる所を何度か通りすぎる。

「この橋から下は銃禁（銃による狩猟が禁止）なんですよ。カモはよう知っとってそういう所へ入り込むんです。だから網猟の免許も取ったんですわ。網なら銃禁地域でもできますからね」

網猟は簡単にいうと暗い内に鳥の寝床へ近づき夜明けと共に動き出す鳥の前に網を張り出す猟である。やり方は狙う鳥の種類によってさまざまなタイプがあり、地域性が非常に高い。残念ながら各地のベテランたちが網猟を止めるとその独自の技術が消えてしまうという現実に直面している。

時折降る雨の中、田んぼ周辺の見回りが続く。車での移動が主だからまったく天気は苦にならない。

「おった！」

奥村さんは車を止めると慎重に双眼鏡で相手を確かめる。狩猟鳥である。銃を手に静かに土手を登っていく。上には隠れる場所がないので、私は土手の下で様子をうかがう。草の間から獲物を狙う奥村さん、しかしなかなか引き金を引かない。どうしたのか？　静かな時が流れる。

〝パンッ〟

奥村さんの笑顔で獲れたことは分かった。６ｍのタモ網でカモを回収すると再び車に乗り込む。

「いやあ、重なるのを待っとったんですわ。うまいことといったら複数獲れますからね。去年は一発で3羽獲れたんですよ」

水面のカモが散弾の飛ぶ範囲に複数重なるのを待っていたらしい。どうりでなかなか発砲音がしなかったはずだ。しかし一発で3羽仕留めるとは、やはり名人級である。しばらくすると雨が止んだ。しかし、いつまた降り出してもおかしくない空模様。日の出から既に4時間近くが過ぎている。最後の猟場に奥村さんが選んだのは海のすぐ側だった。

「今日は荒れてますねえ」

日本海に流れ込む小さな水路越しに見える灰色の波は大きくうねりながら打ち寄せ

る。風は微風でそう寒くはない。コンクリートの護岸の上を歩きながら目を向けるのは対岸の藪だ。草丈が２ｍ以上はあるだろうか、この鬱蒼とした藪の近くにはキジがいるらしい。

「おった！」

銃を手に急ぎ反対側へと向かう。ゆっくりとキジのほうへと近づくがこれが容易ではない。藪がびっしりとつまった、まるで干し草の山のような状態なのだ。とても人は入れない。ここに犬がいればきっと入り込んでキジを追い出すのだろう。これではしょうがないから手近にあった石を藪に投げ込む。何個か投げ入れたがキジが飛び出す気配はない。諦めて車へ帰り始めると……。

「ああっ！　おったああ！」

奥村さんが叫ぶ。見上げると我々の上を飛び去るキジの姿が見えた。

「こっちに来とったんですね」

どうやらキジは我々が藪に石を投げ込んでいるその横をこっそりと移動したようである。キジもなかなかやるな。

残念そうな顔で銃から弾を抜く奥村さん。キジは獲れなかったが、最後にその飛翔を見られたのでよしとしよう。

「山海里」は自宅兼店舗である。そこから海のほうへ向かえば魚だけではなくカモやキジも手に入れることができるし、山のほうへ行けばイノシシが手に入る。最も近い猟場は店からわずか15分で着くのだ。これはスーパーへ買い出しに行くのとあまり変わらない。店は松任駅のすぐ側で住宅が立て込んだ地域だ。そこからわずか走った所でカモやキジが獲れるとは予想もしていなかった。しかし近場にはそれなりの苦労もあるようだ。

「銃禁じゃない場所でも通報されることがあるんですわ。警察が来てね、別に悪いことは何もしてないんですがいろいろ調べられて大変な場所もあるんですよ。そういう所ではやっぱりできませんよね」

確かに山の中にあるダム湖や沢と違い、家は多く建っているし人や車の動きも頻繁にある。そのなかで間隙を縫うようにして適法に猟を行うのは簡単ではない。なかには発砲音が聞こえるとすぐに警察に通報する人もいるので余計に気を遣う。これが山のほうへ行くと少し状況が変わってくる。

「猟場で準備しとると婆ちゃんがやって来てよういわれるんですよ、うちの畑をイノシシがワヤにするから早く獲ってくれって」

自分の畑を守る術をもたない老人たちにはオレンジベストを着た人はまさに救世主

に見えるのだろう。この手の話はあちこちでよく聞く。

奥村さんはこれからカラスの駆除にも積極的に参加をするつもりだ。もちろん捕獲したカラスは山海里で美味しい料理になるだろう。

「料理をする人間が実際に猟師ですからね。獲った物に対する物語を話せるじゃないですか。お客さんも単にジビエを食べるだけじゃなくていろいろなことを聞けるんですよ」

これは究極のトレーサビリティーである。

「こういう店や料理から若い人が狩猟に興味を持ってくれたらいいなと思いますね。そこから少しでも猟師の数を増やしていきたいですよ」

犬との共同作業

鳥は大まかに水鳥か陸鳥かに分けることができる。前者は足に水搔きがあり泳ぎが得意、後者は茂みを歩き回ったり木々の間を飛び移る。カモ類などの水鳥を狙う場所はもちろん水辺であり、川でのカモ猟は前述した通りだ。対して陸鳥は山林が猟場となる。

半世紀以前、一般的な狩猟のイメージは鳥猟だった。漫画サザエさんでも波平氏が銃を持っている場面が出てくるが狙いは鳥類。そしてその傍らにはぶち模様の犬の姿が描かれている。そう、猟といえば犬が欠かせないアイコンでもあったのだ。ではその犬は一体何をしていたのか。水陸で人と共に肉を探す犬たちの話をしよう。

今はもう閉めているが、小松市の山間部に「狐里庵」という飲食店があった。ベテラン猟師夫妻の安本承一さん、日奈子さんが営む店で、二人が捕獲した獲物を美味しく食べることができたのである。

安本さんたちが住んでいるのは店から小一時間ほどの平野にある。猟期になると夜明け前に家を出て、三カ所ほどの池を回るのが日課である。もちろんカモ類が狙いだ。ある年の12月初旬、安本さんたちの一日を追った。

「あと10分やな。カモがおるとええなあ」

出猟の準備を終えると車の中で夜明けの時間を待つ。夜明けから日没までが発砲可能なので、毎日の日の出、日の入りの時間をきちんと把握するのは大切なことなのだ。

「よっしゃ、時間や」

安本夫妻は静かに車から降りるとゆっくり池の周りを歩き始めた。鳥の姿はあるが狩猟可能な種類かどうかをじっくり見極める。

「おらんな、ここには」

「そやなあ、別の所にしようか」

池を半周した辺りで獲物不在が確定。脱包すると再び車に乗り込んだ。荷台では出番を待っていた犬が心なしかつまらなそうな顔をする。

次に向かったのは林の間に延びる細長い池で、どうやら反対側にカモが数羽浮かんでいるのが見えた。ただこのままでは距離がある。

「どないする?」

「わしがあっちへ回り込んで石投げるさけぇ、飛び上がったら撃て」

短い作戦会議が終わると二人は池を挟み込む形となった。手筈はこうである。池の奥へと隠れながら進んだ承一さんが石を投げ込んでカモを飛び上がらせてまずは撃つ。さらに逃げるカモへ向けて下方で待つ日奈子さんが発砲するという二段構えの作戦だ。

私は日奈子さんの後ろでじっとその時を待つ。

〝パンッパンッ〟

銃声と共に数羽のカモが舞い上がる。そして一旦上空へと逃れるが、なぜか高度を下げてこちら側へと飛んで来たではないか。これは頂きだ!

〝パンッパンッパンッ〟

カモはそのまま頭の上をバサバサと飛んでどこかへ行ってしまった。

「ありゃあ、中《あた》らんかったかあ?」

「どないや、あかんか?」

顔を合わせた二人は仕方がないと銃を仕舞い始める。荷台では今度は行けるかと意気込んでいた犬がかなりつまらなさそうな顔をした。三度目の正直もならず、結局、今日は犬の出番はなかった。不満そうな顔のまま犬は「狐里庵」へと向かったのである。

猟期の安本さん夫妻の一日はこの池回り、カモ探しから始まる。その後、店へ向かう途中でヤマドリやキジを探し、さらに仕掛けてある箱罠の見回りもするから忙しい。獲物が多い時はカモを数羽手に入れて、ヤマドリも手に入れて、箱罠でイノシシも手に入れることがあるというからすごい。まあこの日は残念ながら手ぶらであるが、私がついて行くとこういう場合が多くて……。

安本さんのスケジュールは基本的に日の出から2時間程度が鳥猟である。ただしこれは毎日のことなので犬の出番はかなり多いのだ。

石川県では犬が活躍する現場を見ることができなかったが、大分県では面白かった。比較的大きな川やダムで撃ち落とされたカモを犬がザブザブと泳いで回収へ向かうのである。かなり距離があって見ているほうが心配になるが犬は平気だ。カモをくわえて戻ってくると派手にブルルッと身震いして脱糞。冷たい空気に湯気が立ち上る。

犬の仕事は単に回収するだけではない。手傷を負って茂みを逃げ回るカモを探索もする。人には一体どこへいるのか見当もつかないが、犬の嗅覚をもってすればいともたやすい。これには本当に感心した。犬がいなければ絶対にできない猟なのである。

ヤマドリ猟も犬がいなければ始まらない。もちろん必須アイテムとまではいえないが、藪に落ちたヤマドリを人が探すのは並大抵の苦労ではないのだ。実際に阿仁マタギと犬なしヤマドリ猟に行ったことがある。藪からフラッシュしたヤマドリに発砲するとクルクルッと舞いながら落ちるのは確認した。問題はそこからである。二人がかりで徹底的に探したが、結局見つからず諦めざるを得なかった。

「犬がいねばやっぱり駄目だべしゃ」

マタギの残念そうな顔が忘れられない。

鳥猟における犬の仕事はその獲物によって若干違いがある。前述したカモ猟の場合は回収が主な仕事だ。ソフトマウスと呼ばれるレトリバー系特有の優しいくわえ方で獲物を傷つけずに人の前へ運ぶのである。実際に生きたままのカモをパフッとくわえて持ってきた時には感動すらした。実に優しいレトリバー系ワンコである。

ヤマドリのような陸鳥はどこにいるのかが人には分からない。時々、畑や山道でバッタリ顔を合わせることはあるが、それは稀であり出会い頭で仕留めることはほぼ不可能だろう。犬を共にすれば獲れる確率がぐぐぐーっと上がるのは間違いがないのだ。

猟場を歩いて行くと犬のスイッチが突然入る。これは潜んでいるヤマドリのにおいを取ったからで、速足で斜面を登っていく。そしてある地点でぴたりと止まると藪の一点を見つめて〝ここに奴がいますぜ〟と知らせるのだ。これをポイントという。そこへ人が追いついて銃を構えると犬は藪へ飛び込んでヤマドリを追い出す。追い出されたヤマドリが藪から飛び出すのがフラッシュだ。すかさず発砲して見事ヤマドリが藪へ落ちればそれを犬が回収してくる。発砲してもバサバサとヤマドリが飛び去ると、犬が？？？という顔をして振り向くのだ。

「ごめん、中らんかったわ」

こうして人と犬が一緒に山を駆け巡りながら獲物を手に入れるのが鳥猟の楽しみだろう。

「犬と一緒に猟をやるのが一番好きやからねえ。別に獲物が獲れんでもよかとよ……いや獲れたほうがよかけどねえ、やっぱり」

「狐里庵」への出勤途中で仕留めたヤマドリ

九州のベテラン猟師は犬を撫でながらニコニコと話してくれた。

カモ獲りあれこれ

カモ類は農業用の溜池やダムのような広い場所にも浮いている。解禁日には比較的撃ちやすい場所にいるカモ類もバンバン撃たれまくると弾が届かない場所へと移動するから侮れない。もう30年以上前の話だが、秋田県阿仁地区のマタギに解禁日のカモ猟に誘われたことがあった。私は参加できなかったが、面白そうな猟である。場所は八郎潟の残存湖、そこへ前日に猟仲間10人以上で向かうと、まずは湖岸に農業用のビニールハウスを建てるというからすごい。中には薪ストーブを置いて畳も敷き、何はともあれ宴会の準備だ。夕方からどんちゃん騒ぎをして、しばらく仮眠する。夜明け前には回収役となった人がボートで湖面へ漕ぎ出し時を待つ。そして日の出を合図にマタギたちが一斉射撃を開始する。

「花火大会みたいですごいぞ～」

大量に飛び上がるカモ目掛けての一斉放射はかなりの迫力らしい。湖面へとばらばら落ちてくるカモの回収がボートの役目なのだ。もちろんそんな猟ができるのは初日

優秀な猟犬である紀州犬のシロ。獲物に対しては勇猛果敢であり、人に対しては臆病という性格。山の中には白い犬が実によく似合う

じっくりと焼き上がったヤマドリからは、したたる脂とともに山の香りが漂う。肉こそ少なめだが、鶏には欠けている個性的な旨さが溢れている

のみ。だからみんな前日から仕事も休んで集まるのである。

私が学生時代を過ごした島根県には宍道湖《しんじこ》という大きな湖がある。ここには冬場多くの水鳥が集まってくるが、禁猟区なので皆安心して羽を休めている。ところがだ、市内の居酒屋の店先には堂々と宍道湖のカモがぶら下げてあるではないか、禁猟区のはずなのに??

「おう、今日カモが獲れたで食いに来んかや」

ある冬の日、宍道湖畔で半農半漁の生活をする友達の井原から誘いを受けたことがある。

「カモ? 行く行く」

カモなど食べたことがないから二つ返事である。ああ、あの店先にぶら下がっている奴かと嬉しくなったが、気になる。

「カモはどうやって獲った?」

「ああ、網に掛かるんだわ」

網とは刺し網(魚を獲るための仕掛け)のことで、セイゴ(スズキの幼魚)などを捕獲する仕掛けだ。なぜカモがその刺し網で獲れるのかというと理由がある。カモを見ていると、よく水中に潜りしばらくして少し離れた所から顔をぷかりと出すことに気がつくだろう。この時に刺し網に気がつかず突っ込むと猟師ならぬ漁師の獲物となってしまうのだ。偶発的な事象で狩猟法に触れず問題はないのである。このように意図せずカモ肉が手に入る場合もあるから面白い。

さてワクワクしながら夕方井原の家へと向かったが、カモ料理って何だろう？　鍋か、焼き物か。喜んで食卓に着いたがどこにカモがあるのか分からない。いつものシジミ汁と魚の煮つけしかないが……。

「あれ？　カモはどれよ」

「おう、そこにあるが」

そこといわれて改めて見ると、お椀に茶色いご飯が盛ってある。

「カモ飯だわや」

カモ飯……忘れていた。井原家では基本的に何でも○○飯、つまり炊き込みご飯にすることを。サザエを大量に手に入れれば貝飯、タイが獲れればタイ飯という具合である。一口頂くと味は普通の炊き込みご飯、カモ肉は細かく賽の目に刻まれている。イメージしていたカモ鍋やカモローストとはかなり違った嬉しいカモ肉初体験だった。

鳥猟の話をする時にはヤマドリやカモ類が中心となる。小鳥類を熱心に獲っている人はいないのかというとそうでもない。ヒヨドリの脂が実に美味いと力説したり、子供の頃に囲炉裏で焼いたスズメの味が忘れられないと遠い目になる人もいるのだ。全国どこにでもいて捕獲しやすい鳥はやはり最も身近な肉だったといえるだろう。

箱罠で肉を獲る

大津（滋賀県）
岡崎（愛知県）

まず箱罠猟について述べる前に今更ではあるが狩猟について簡単に説明したい。狩猟という行為は狩猟法の定めに従い行う必要がある。誰もが気軽にできる訳ではない。しかし昔は近所で小鳥やウサギを捕獲するのは当たり前であり、誰も咎めたりしなかった。むしろ子供がウサギを獲ってくると褒められるような環境だったのである。その名残で山里に行くと普通に罠類が雑貨屋においてあり、気軽に使用する人が珍しくない。

「違法じゃねえよ。自分の敷地内でやるんだからよ」

本気でこう思っている人が多いのには驚くばかりだ。田畑の周りに違法罠を仕掛けて掛かった場合は猟師に連絡をする人もかなり多い。みんな顔見知りの地域だから〝なあなあ〟で済ませているが、あまり宜しくはない状態である。

狩猟とは何か？　簡単にいうと〝動物の動きを止めること〟である。動く生き物である動物を動けなくすればそれで狩猟は成立するのだ。ここのところを勘違いされる人も多いと思うが、殺すことは狩猟の必須事項ではないのである。

銃で撃って動けなくする。くくり罠で足を固定して動けなくする。箱罠に入ったらそこから出られなくする。動物の足をいかにして止めるかを考えて行動に移す。狩猟法に定められる狩猟とはこの一連の流れを指すのだ。

猪ゲルゲ──謎のたこ焼き屋

関西は食文化の都である。京都には日本を代表する会席料理があり、大阪には庶民の食堂が百花繚乱。食い倒れはまさに関西の真骨頂。そんななかで大人から子供までが大好きな庶民の食べ物がたこ焼きだ。老若男女に愛される食べ物、中で一風変わったたこ焼き屋があった。

シカ獲れる！

滋賀県の大津市、琵琶湖にほど近い街中に謎のたこ焼き屋〝猪《ちょ》ゲルゲたこゲルゲ〟はあった。まあ外観は実に不思議だが、中はどちらかというとシンプルで入りやすい店だ。テーブルのメニューを見るとシカやイノシシを使った料理が数多くある。ここはジビエたこ焼き屋なのか？

「今年はあんまり獲れへんのですわ」

店のオーナーであり猟師の西村哲太郎（元パンクロッカー）さんがぼやいた。実は数年前にお邪魔した時、西村さんは猟師であり、たこ焼き屋であり、生コン関係の会社でも働いていた。ただし会社の勤めは週に4日だったので休みの日には山を歩くことができたのである。

「今は週末か夜しか山へ入ることができひんのです。だからちょっとしんどいですよねえ」

以前とは勤務形態が変わったので大変らしい。仕事が終わってから罠を見回るのは確かにつらい。ただ先輩の猟師がわざわざ知らせてくれたらどんなに疲れていても現場へ向かわねばならない。私が訪れた時、ちょうど先輩から〝入っとるぞ〟と連絡があったのだ。これは行かねばなるまい。

暗闇の回収

仕事を終えた西村さんと瀬田川（琵琶湖から流れ出る唯一の川）付近のコンビニで待ち合わせた。午後7時、まだ帰宅ラッシュが続き道は結構混んでいる。しかし山へ近づくにつれて、辺りには街灯もまばらですれ違う車もほとんどない。どこを走っているのやら皆目見当も付かないが、ナビを見るといつの間にか京都府に入っているようだった。

山の中にぽつんとある作業場へ車を入れる。そこは先輩猟師の仕事場であり猟の関係者が集まる場所なのだ。

「ここからは道が狭いんで一緒の軽トラで行きましょう」

西村さんに促されて軽トラに乗ると、さらに山道をうねうねと進んでいく。気が付くといつの間にかゴルフ場の中に入っている。

「シカはゴルフ場にはほんま厄介な存在らしいですわ。それで罠を掛けさせてもろうてるんです」

兵庫県の猟師で年間を通じてゴルフ場のシカを追い払う契約をしている人を知っている。グリーンを踏み荒らすシカはゴルフ場にとっては大敵らしい。

暗闇の中で頼りになるのはヘッドランプのみ。小雨が降り始めた森の中は特に真っ暗闇である。足場も悪いなかで箱罠を覗くとシカが一頭逃げまどっている。

「そっちから棒を入れていけ！」

先輩からの指示で西村さんが長めの棒を箱罠へ差していく。こうして徐々にシカが動ける範囲を狭めて止め刺しをするのである。

〝ガタン、ガタン〟

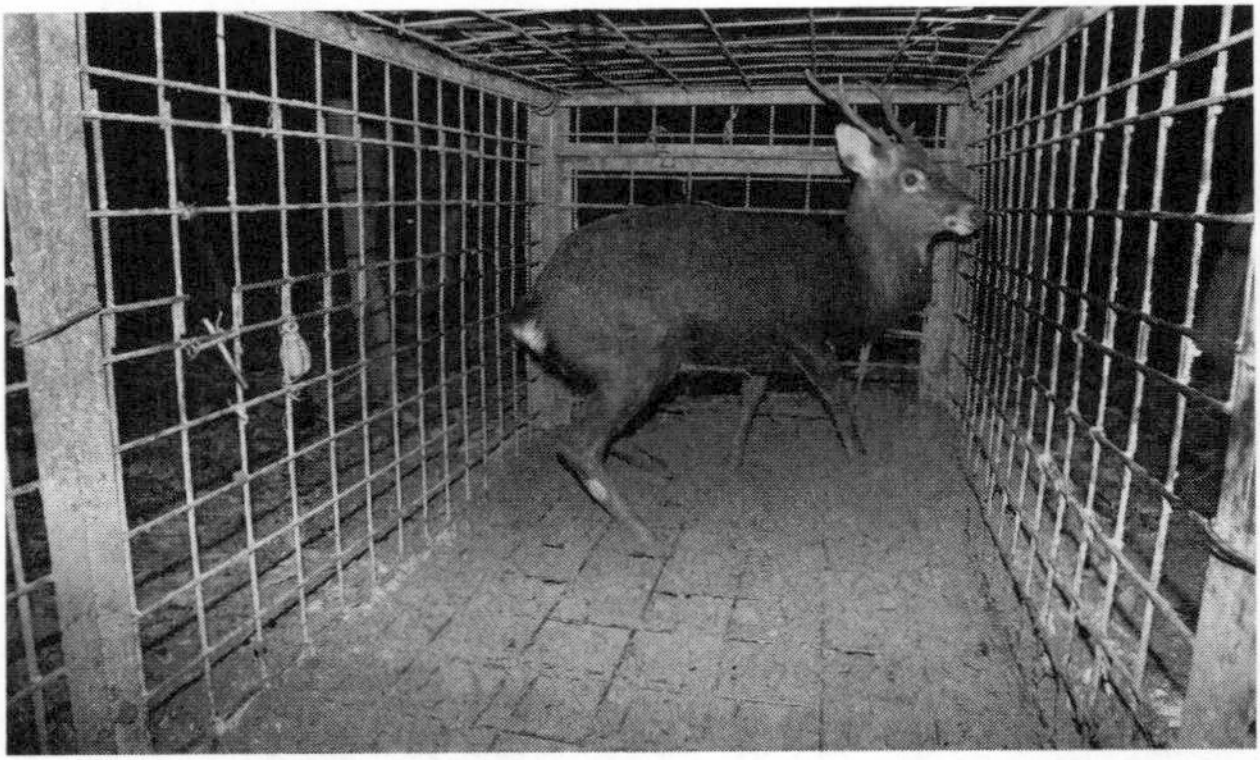
暗闇から聞こえるガシャンという音。ライトに浮かび上がったのは若い雄ジカである。イノシシよりはおとなしいが、油断すれば大ケガをしかねない

〝ガタン、ガタン〟と暗闇に響く音。それも長くは続かない。シカの荒い息が何度か繰り返されると、静寂が訪れる

雨のなか、ドロドロのシカを引き出す。足場は悪いし、悪臭も漂う。それでもやはり獲物を手に入れた喜びは格別

「よっこいしょ」と軽トラへ積み込めば、ひと段落。しかし、洗浄そして解体、精肉とまだまだ猟師の仕事は残っている

シカは差し込まれた棒を必死で跳び越える。跳び越えてもそこに自由があるわけではない。段々と追い込まれて最後は静かになった。ドロドロの箱罠から引き出されたシカは汚物も混じり何ともいえない臭気を放っている。それを軽トラに担ぎ上げると、一旦、作業場へ引き上げきれいに洗ってから腹抜きをした。時計を見るともう10時近い。これは昼間働いている身にはやはり楽ではないだろう。

真っ昼間、明るい空間では死に行くシカの目が変化する様が見える。命が消えていく最後の瞬間は目によく表れるのだ。闇の中ではそれが分からない。しかし命を頂くありがたさは同じだ。次の日、西村さんはシカを丁寧に解体して大切な食材にしたのである。

シシは爺に任せろ

罠猟をする人のほとんどは、既製品（または注文品）の罠を購入する場合が圧倒的に多いだろう。以前、西表島で見た足くくりの罠は、ほぼ現地の材料を使うセルフビルドだったが、これはかなり珍しい事例だ。足くくりの罠よりはるかに大掛かりな箱罠となると、自分でつくることなど思いもつかない。ところが、である。なんと、箱罠や囲い罠を自分たちでつくる人たちがいたのだ、それも竹で。驚きの手づくり竹製箱罠を見にいった。

総捕獲頭数2000以上

愛知県岡崎市。ここに竹製箱罠で毎年多くのイノシシを捕獲している人がいる。御歳76歳の成瀬勇夫さんは、本格的に猟を始めてからの17年間で2000頭以上のイノシシを仕留めてきた。多い年は205頭を捕まえたというから驚きである。

「あちこちで罠を見てきたんですよ。どういうつくりか研究しておったら、こりゃあ竹でつくったほうがええんじゃないかとひらめいたんです」

長年、石材業を営んできた成瀬さんは、自分の農園がイノシシに荒らされるのが悩みだった。そこで罠を仕掛けてイノシシの食害を防ごうと考えたのである。

近所の集落は昔から獣害と闘ってきた地区である。以前は農業が収入の中心だったから、獣害は地区にとって死活問題。そこでシシ垣を巡らせ畑を守りつつ、落とし穴(現在は禁止猟法)を構築して捕獲した。また、畑そのものを囲い罠にしてイノシシを仕留めることもあったそうだ。今は、そのようなことをする人は誰もいない。

厄介者を活用

成瀬さんが材料にしようと思った竹は全国各地に生えている。特に西日本では管理されていない竹林がどんどん山を侵食して大問題となっているのだ。本来、竹は里に欠かせない植物だった。カゴやザルなどの日常製品の材料として、また、野菜などを運ぶ容器（いまの段ボール箱）の材料として必需品だったのである。それが需要の変化で商品価値がなくなり、管理されず放置された。その結果、荒れた竹林が暴走しはじめた。

今や全国的に厄介者となってしまった竹はどこでも簡単に手に入る。それを利用すればよいと成瀬さんは考えた。

箱罠の仕掛けそのものは、すぐに考えついた。実際につくって設置したが、まったく入る気配が感じられない。

「イノシシいうんがどうゆう動きをするのかとか知らんから。餌のやり方や仕掛ける場所も適当で、そいじゃあかからんのです」

狩猟の素人だった成瀬さんはイノシシの習性にうとかった。

これではダメだと、地元のベテラン猟師に、イノシシとはどんな動物か基礎から教えてもらい、腕を磨いたのである。

あまりにもかからないために半ばあきらめかけたが、粘った努力が実を結ぶ。

「かかりだしたらどんどん獲れるようになって、一年に6回も入る罠もあったんです」

最初は冷ややかな目で見ていた近所の猟師たちも、これほど獲れるとなると気が気ではない。ほとんど因縁のようないいがかりをつけられることもある。それでも成瀬さんは、まったく気に留めることもなく〝イノシシ退治〟（成瀬さんの名刺に書いてある肩書き）に邁進している。

竹製箱罠の特徴

一般的な箱罠は鉄製だ。昔は近所の鉄工所に頼んでつくってもらう場合が多く、地域差が若干あった。箱罠は地産地消的要素がもともと高かったのである。

竹製箱罠は、当然そこに生えている竹を切って材料にする。春先にはイノシシが喜んで餌にするタケノコが生える竹林でもある。そんな竹にイノシシが警戒心をあまり

荒れた竹林。このような場所はよくかかる。人があまり訪れず見通しも悪いからだ。材料の竹には困ることがない

竹林に仕掛けてあったのは天井のないタイプの大きな囲い罠である

鉄製は強く竹製は弱い……そんな思い込みで否定する人は多い。しかし、成瀬さんの猟果を見れば一目瞭然だ。竹製箱罠は優れた発明であり、優秀な道具

右上）竹製のチンチロ。罠の中の蹴り糸にイノシシが触れるとストッパーが落ちる仕掛け。右下）竹と竹を固定するのは番線のみ。大物が暴れると緩むことがあるが、逃げられはしない。緩んだら締め直す。左上）鉄製箱罠と違い竹製箱罠には底がない。地面に本体を杭で直接固定するのだ。それもイノシシの警戒心を緩めるのか？

竹製箱罠の耐用年数は３～４年。もちろんメンテナンスは必要である

ミミズでも探したのか、つい最近、イノシシが掘り起こした跡。足跡の大きさから親子連れらしい

10数kgの個体なので引き出しは簡単だ。ひとりで運び出せる

このサイズが半年もすると、たくさん餌を食べて巨大な姿になっていく

抱かないのは当然のことかもしれない。これが竹製箱罠の最大の特徴といえる。鉄と違い竹は、異物とは認識されない。どこにでもある竹が材料だから当然、製作コストが低い。買うものは竹をがっちり組み合わせる番線ぐらい。標準的な大きさならば6000円ほどでできるというから驚きである。

「そりゃ、手間賃を考えたら安うありゃせんですよ。竹を切りにいって運んで組み立ててやっとったら、日当計算でそこそこなるでしょう」

たしかに、人件費をあえて計算に入れると既製品の鉄製罠より少し安い程度かもしれない。そこは元気なご隠居のマンパワーが働いてこそ安くつくれるのだろう。大きなものは現場で組み立てるが、小さなものは作業場で組み立ててから運ぶ。それを杭で地面にしっかりと固定して設置する。

ここで若干の工夫が施される。地面に触れる部分にたっぷりとコールタールを塗っておくのだ。

「イノシシはコールタールのにおいが好きなんです。塗ったからいうて逃げることなんてありゃせんです。寄ってくるんですよ」

イノシシは嗅覚が非常に鋭い。餌撒きに来る人が代わっただけでも警戒して来なくなったという人もいるくらいなのだ。かなりきついにおいのコールタールが好きだとは驚きである。

成瀬さんは竹製以外にも鉄製の箱罠も仕掛けている。その両方を見ていて、竹製のほうがよくかかると判定している。

竹製箱罠の普及

成瀬さんは現在、竹製箱罠の普及に取り組んでいる。実際、岡崎市まで見学に来る人につくり方を教えるだけではなく、四国や九州までへも出向いて竹製箱罠の利点を説いている。

「一回見ただけで、こんなもん簡単じゃいう人もおるけど、結局扉の部分ができんで、また見に来よったですね」

たしかに竹のみでつくられた構造はシンプル極まりないが、随所に成瀬さんの工夫がちりばめられている。

「手づくりのいいところは、工夫ができるところ。既製品はどうもできんが、こういうモンはどこをいじくればようなるか、改良の面白さがあって楽しいんですよ」

市や県も竹製箱罠の普及に協力的だ。現在は、つくり方などの細かな情報がオープンにされており岡崎市のホームページを参考にして仕掛けている人も多い。

「イノシシは、もともと、このへんにおらんかったんです。それがなぜ増えたと思いますか」

一般的には、耕作放棄地が増え、山から身を隠したまま動物が里へ近づくのが原因とされている。里へ下りた動物が農作物を食べることで個体数が増え、さらに被害が拡大するという連鎖だ。しかし成瀬さんの見立ては少し違う。

「シイの類は、40年すると実がたくさんつくんです。それを食べて増えよると思いますね」

薪炭林として管理されなくなった場所が格好の餌場になったからだという。本来の薪炭林では、8〜10年のサイクルで木を切り、薪や炭にする。加工しやすい大きさで作業をするための合理的なサイクルだ。それが、かなり以前から薪や炭の需要が激減した結果、放置された薪炭林は巨木の森へと変わった。かつての奥山がそうであったようにシイやナラの実が大量に落ちる豊かな森が人里近くに出現したのである。餌が豊富ならば個体数は増える。これは自然界では当たり前のことだ。イノシシ退治G（爺）メンとイノシシの闘いは当分続くだろう。

シカの内ロースにやられる

川上
（長野県南佐久郡）

シカは日本の野生獣の中では体が大きくて数も多い。クマやイノシシに比べれば捕獲しやすいため、昔から貴重な獲物だったと考えられる。土器の文様にもシカを狩る古の人々の躍動する姿を見ることができるのだ。手に入れたシカは肉以外にも様々な形で利用されている。古くは太占（ふとまに、古代の占い）で使用され、肩甲骨を焼いて吉兆を占った。雄ジカの角は装飾品、革も甲州印伝のような工芸品に欠かせない材料となったのである。

厳寒の猟場

長野県の川上村は高原野菜の産地として知られている。標高が高いうえに周りを山に囲まれているため、冬場の寒さは北海道並みである。真冬には最低気温がマイナス20℃近くになる本州でも指折りの寒冷地だ。村の周囲に広がるのはカラマツ林、そこで犬と猟師が縦横にシカを追う冬の一日にお供した。

開始！

「犬入れたって」

無線に聞き耳を立てていた井出文彦さんがこちらを向いて小声で教えてくれる。あとは犬がシカのにおいを取ってうまく追い出してくれればよい。それまでは冷たい空気のなかでじっと佇む。時折カラマツの枝が風に揺れカツンと乾いた音を立てるが、森はすぐに静寂に包まれた。この静けさが巻き狩りの始まりである。

猟師は一本の木になったように立ちつくす、いわゆる木化けだ。このまま犬が反応し猟が動き出す瞬間をじっと待っている。

〝ウォン、ウォン、ウォン〟

遠くで犬が鳴き出した。声は段々と近づいてくる。このままシカは来てくれるのか？

巻き狩りにはハウンド系と呼ばれるタイプの猟犬が使われる。獲物を追いながら鳴き続けることができないと、猟師はお手上げなのだ

左）畑に残った新しい足跡。右）シカの寝屋（寝床）。犬を放す前に人がしなければならないこと、それはシカの存在を探る〝見切り〟という作業。シカの痕跡を探して、どのあたりにいるのか見当をつける必要がある。いくら優秀な犬でも、闇雲に山に放されてはどうしようもない猟師が探す痕跡が主に足跡である。足跡の状態からいつごろ通ったのか、体重などのデータを得ることができるのだ

シカ転ぶ

冷たく澄んだ空気のなかで森を見つめる。どこからシカが出るのか、それとも出ないのか。いつもながらの緊張感に体が満たされる。

〝ガサガサ〟

ササ薮をかき分ける音がする。そちらへ目を向けると大きなシカの姿が目に入った。井出さんは銃を構えて狙いをつけている。じっくり待ち構えてとシカを引き寄せる。最もよい状態で仕留めるためだ。歩みを速めた瞬間、シカ目がけて引き金を引く。

〝パンッ!〟

乾いた発砲音が森にこだまする。倒れたシカはそれでも逃げようともがく。しかし井出さんは二の矢を放たない。仕留めたことは確実だからだ。倒れたシカへ向かう途中で猟犬が追いついた。犬を制すると井出さんはナイフを取り出してトドメを刺す。緑色をしていたシカの瞳から急速に力が失われ、そして群青色に変わる。見慣れた死の光景である。

午前中の猟ではこの大物が一頭手に入った。午後は場所を変え再度シカを追う。猟師たちが軽トラやジムニー（猟師御用達）で大挙して移動するさまは、ここ川上村の冬の名物でもある。畑の間、カラマツの間を縦横無尽に走り回る車列はなかなか壮観だ。

午後のラウンドに入る前に軽く腹ごしらえ。作戦を練りつつ冷たいおにぎりを頬張る。振り返ると〝さあ午後も頑張るぞ〟と犬たちが入れ込んでいた。やる気満々の表情が実に頼もしい。

午後の猟は実に珍しい展開となった。追われたシカが何と川に逃げ込んだのだ。半矢状態だが動きは速い。冷たい流れの中で追ってきた猟犬との戦いがしばらく続く。犬に中る恐れがあるのでこの状態では発砲できない。どうするのかと見ていると、追いついた勢子が川に入りナイフでトドメを刺した。

山のなかから獲物を引き出す姿は見慣れているが、川から吊り上げるのは初めてである。

「こういうのは珍しいよね」

ベテラン猟師でもあまり経験はないらしい。

まだ日は高い。時間があるのでもうワンラウンドということになった。今度はレタス畑が広がる横の山が猟場である。川上村はその周囲をほぼフェンスで囲まれている。

100kg近い八ケ岳タイプの雄ジカ。これよりも大きな個体もいて、エゾシカと間違えそうである。九州のシカはこの半分程度の大きさが普通

猟はヘビーデューティ。進む時はどこまでも進む。
車が汚れようが傷つこうがお構いなしなのだ

シカの食害を防ぐためだ。このお陰でシカの移動はある程度制限されるから動きは読みやすい。猟師たちは無線を使い、的確にシカの位置を伝えて追いつめることができるのだ。獣害防止のためにフェンスを張るのは日本各地で行われている。しかしそれは田畑に獣が侵入しないように囲うのであり、個々人の敷地が対象だ。対して川上村のフェンスは余りに長大、まさに獣除けフェンス版万里の長城である。

引き出しは重労働

罠猟はくくり罠でも箱罠でも固定されている。つまり獲物が獲れる場所は確定されているのが特徴だ。それに比べると、犬が獲物を追う巻き狩りはどこで獲れるかはまったくわからない。仕留めた獲物が崖下に転がって回収に苦労したり、生い茂る木々の間を悪戦苦闘しながら引き出したりするのは日常茶飯事なのだ。そんな訳で、ベテランは時として撃たない選択をすることもある。

「いやあ、あそこで撃つとよ、谷底まで落ちるからなあ。そこを抜けて次で誰かが撃てばいいんだよ」

このような選択が可能なのは大人数で行う巻き狩りならではの判断である。さらに周囲にはシカがたくさんいるから決してあせる必要はない。この余裕が事故を未然に防ぐことにもつながるから重要なのである。

最終ラウンド、獲物が獲れたのはレタス畑のすぐ横だった。発砲音は私の位置からは聞こえなかったが、無線は転んだことを伝えている。現場へ急行すると、数人ですでに引き出しているところだった。シカの首にロープを掛けて斜面を下ろす。川上村のシカは俗に八ケ岳タイプといわれ、体が大きいのが特徴である。オスなら軽く100kgを超す個体が珍しくない。それだけに引き出しは大変、また途中に沢があったり足場が悪かったりと作業は楽ではない。猟師たちは汗をかきながら泥にまみれて大切な獲物を引き出すのだ。

シカを携え、収穫の終わった畑を抜けて道に出る。そして血の滴《したた》りを浴びながら軽トラにシカをどっこらしょと積み込んだ。猟は汚れ仕事の重労働が大半を占める泥くさい行為なのである。

シカ宴会

徐々に空は明るさを失い、一層寒気が強まってきた。それでも真冬の寒さには遠く及ばない。そんななか、猟を終えた狩猟組のメンバーたちが続々と小屋に集まってくる。

「どこいるって？　えっあっちのほうか？」

どうやら犬がすべて回収できていないようだ。川上村でシカを追うのは主にプロットハウンドという猟犬で、これがなかなかのアスリートなのである。走り出したら止まらない韋駄天野郎で、過去には隣町まで回収に向かったこともあるそうだ。これに比べると日本犬は短距離走者、ある程度走ると止まるので回収が楽らしい。

時折聞こえてくる回収班からの無線に聞き耳を立てながらシカの解体が始まった。外の作業台では頭や四肢そして骨を外し大きな塊にする。その後ビニールハウス内へと運び、ロース、バラ、モモと各部位ごとに切り分けていく。そして参加者全員均等に肉を分けるお馴染みのマタギ勘定がここでも見られる。なぜか単なるカメラマンである私も8kgほどの肉を頂いた。

すっかり辺りが暗くなった頃、回収班が犬を連れて帰ってきた。本当にお疲れさまでしたと言いつつ、宴会へと突入。これがシーズン初めの楽しみなのである。

まずは初猟の成果を祝い、また猟期の無事を願い乾杯をする。並んだ顔ぶれは歴戦の強者ぞろい。最高齢は86歳だ。誰の顔にも狩猟のシーズンを迎えた喜びでほころんでいる。

この狩猟組は川上村の関係者ばかりで構成されている訳ではない。近隣の佐久市や遠くは足立区からも参加している人もいるから驚く。

そんな老若……老々男女がシカを追い、仕留め、捌き、そして喰っている。

「これは内ロースだ。美味いから喰え」

長老たちが盛んに勧めるのが分厚く切ったシカ刺しでまるでマグロのブツのようでもある。これ生で大丈夫なのか？

「遠慮せずに喰え！　美味いから」

長老たちが何度も私の目の前に顔を出し勧める。そのたびに肉の乗った皿を突き出すのだ。流石にそこまで勧められて断る訳にもいかず覚悟を決めた。真っ赤な塊にワサビ醤油をつけて頂いた。

「美味いな、これは」

この言葉を聞いて長老たちは満足げな表情を浮かべた。口に入れたシカ刺しは脂がなく濃密な食感で馬刺しよりも遙かに美味い。しかし内ロースとはどの辺りの部位なのだろうか。

続いて頂いたのはスペアリブの煮物。どんと積まれたあばら骨にかぶりつきながら頂く、いかにも猟師料理らしい趣だ。軽く煮込んだだけだから柔らかくはないが、噛みしめるたびにシカの旨さがぎゅっと口の中に染み出てくる。

「ほれ、これも喰え。珍しいからもっと喰え」

何度も目の前に突き出される内ロース。こうして分厚い塊を6切れほど食べたのであった。

シカの反撃

目が覚めた。真夜中に突然目が覚めた。時計を見ると午前2時である。最近は年のせいか大体夜中に一度はトイレに行くが……この目覚めは全く違う。頭もずきずき痛むし何だろう、二日酔いか？　いやそんな訳がない。昨晩はほとんど飲んでいないのだ。しばらく鬱々と横になっていたが我慢できずトイレに行った。何だろう、まさかシカ。目の前に昨夜の内ロースが浮かんできた。それならかなりまずい話だ。いやこれは二日酔いだ。きっと昼には回復するだろうと無理やり自分に言い聞かせて布団に潜り込んだのである。

狩猟2日目は最悪の体調で始まった。宿の朝食には箸も付けず、震える体で高原野菜の集荷場へと向かう。ここがいつもの集合場所なのだが誰もいない。待っていると一台の軽トラがやってきた。

「大丈夫だった？」

猟師が軽トラから降りるなり尋ねる。

「いやあ、知り合いなんか夜中から何度もトイレに駆け込んで、今日は熱が出て完全にダウンしてるよ」

それはひょっとして……。

「内ロースはさあ、内臓の横だから絶対に生はダメなんだよねえ」

どうやら内ロースにやられた人が複数いるらしい。無事だった人が仲間に連絡をしているが、今日の参加者は昨日の半分以下らしい。

「いやあ、シカに当てられたな」

シカ撃つ猟師が逆にシカに当てられたか……上手いこと言ってる場合じゃないなあ。凄腕猟師の井出さんは誰がどこで捌いたか分からない肉は絶対に生では食べないそうだ。確かにそれが懸命かもしれない。

「昔よ、誰それがタツマについてたらよ、そっちのほうへシカが行ったんだ。無線でそっち行ったぞって知らせたんだけど鉄砲が鳴らないのよ。なあにやってんだあって見に行ったら、そいつウンコしてたんだあ。シカに当てられてなあ、それからそいつのこと、しばらくウンコタツって呼んでたわ、わっはっは」

わっはっはじゃないよ、全く。今日は自分がそうなりそうだ。

日本食の代表格が刺身であることに異論はない。しかし何でも生で食べることが最高の御馳走だという考え方はいかがなものだろう。川魚の生食で命を落とした人もいるというのに、サワガニを生で食べる人もいるから驚く。2011年には適正処理されていないユッケによる集団食中毒で多くの犠牲者が出ている。それでも未だに獣肉の刺身が最高に美味いと信じる人が多いのは問題である。刺身で食べるにはかなりの衛生管理が必要で、庭先解体は不可だという認識をもつべきだ。また衛生的に処理しても野生獣には様々な寄生虫もいるから、加熱が大原則である。自分一人で食べるのは構わないが、絶対に他人に勧めてはいけない。

シカ肉の価値

シカ肉を美味しくないと、あまり喜ばない猟師は結構いる。特に関西方面ではイノシシとの格差が大きく、シカが厄介者扱いされるのだ。その結果、捕獲されても山の中に遺棄されるシカが多く問題になっている。これは昔ながらの簡易な鍋料理が獣肉料理の主流との考え方が原因だ。確かに脂の乗ったイノシシ肉の牡丹鍋は旨い。関西地方では良型のイノシシ一頭で軽自動車が買えた時代もあったぐらいに人気が高いのである。それに比べると赤身で硬いシカ肉は敬遠されるが、全くもったいない話だ。シカ肉は例えれば牛肉である。穀類を食べ霜降りたっぷりな個体ではなく、牧草を食べてよく運動した個体なので、当然肉は硬い。しかし旨味は抜群、料理の可能性が広がる秀逸な素材といえる。

何でもひと鍋にぶち込んでさっさと食べる料理には向かないが、コトコト煮込むシチューにすれば最高。焼き肉には難しいが、ローストビーフのように調理すれば最高。挽肉にしてハンバーグや餃子にしても最高。工夫次第で素晴らしい料理になるのがシカ肉なのである。

内臓系も問題なく食べられる。特に肝臓はレバーペーストにすると非常に美味しいが、ほとんど廃棄されるか犬の餌になっているのが極めてもったいない。このようにシカは肉も内臓も食材としてのポテンシャルが高い割には不当な扱いを受けている。この時代、せっかく増えているのだから、きちんと食べて成仏させてあげたいものだ。

シカVS猟師

ここ川上村でシカが爆発的に増えたのは30年以内の話である。それまではシカやイノシシを狙う大物猟は行われておらず、遠く伊豆方面まで遠征したと古老たちはいう。それが今ではあちこちにシカの足跡が見られ、夕方には10頭以上の群れになって移動する様子も珍しくない。なぜシカが急激に増えたのかは定かではないが、これは全国的な現象でもある。シカやイノシシがほとんどいなかった地域には、大物猟をする猟師が元々いない。そのために一度侵入してしまうと天敵（猟師）がいないために一気に増えてしまうのだろう。

元来、猟師の数が多かった川上村ですらその増殖を抑えることは並大抵ではない。多いと一日に二桁獲ることもあるが、簡単には減らないのである。これが猟師のいない地域なら農林業は壊滅的な被害を受けるだろう。温暖化や里山の荒廃などがシカ・イノシシ増殖の原因ともいわれるが、確実なことは不明だ。ただ現状では最前線で猟師が立ち向かうしか方法はないのである。

猟師の高齢化は全国的に常態化しつつある。狩猟行為は元来肉体労働、獲物の引き出し、そして何より最も重要な仕事である犬を操るハンドラーはかなりハードな作業である。俗に〝一犬、二足、三鉄砲〟といわれるぐらいで、犬と人が一体になった作業ができなければ猟は成立しないのだ。幸い川上村には井出さんのご子息がその大役を務められるので何とかなっている。しかし、猟師が全員70歳代となると巻き狩りは難しくなるだろう。比較的高齢でも続けられる罠猟と違い、犬を使った巻き狩りは近い将来消えていく運命かもしれない。

巻き狩りのもうひとつの特徴は共同作業にある。作戦を立て、配置に付き、獲物を担ぎ出し、そして解体して食べるところまでを集団でこなしている。まさにチームワーク、狩猟という行為が地域の結束材料のひとつになっているのだ。ただし、このような連帯が若者に敬遠されているのも現実である。狩猟文化は人のつながりそのもの、絶やしてはならない地域の財産なのだ。

＊野生鳥獣の肉には人体に影響を及ぼす見えないウイルスや細菌、寄生虫などが付いている可能性があります。必ず内部までしっかり加熱してから食べましょう。／参考：厚生労働省「ジビエ（野生鳥獣の肉）の衛生管理」(https://www.mhlw.go.jp/stf/seisakunitsuite/bunya/kenkou_iryou/shokuhin/syokuchu/01_00021.html)

肉も喰うけどモツも喰う

丹沢
（神奈川県）

丹沢猟師の定番料理

内臓料理が苦手だという人は多いだろう。その理由の最たるものは臭み、内臓特有のあのにおいのせいで食べる気にならないらしい。しかし熱烈な内臓ファンがいるのもまた事実。美味いのか、不味いのか、臭いのか。神奈川県丹沢山系で猟師お勧めのモツ鍋を食べてきた。

内臓料理の基本は洗うこと！

松田町の寄（やどりき）集落には日曜毎に多くの猟師が集まる。周囲の丹沢山系でイノシシやシカを追うのが目的で、地元猟師以外にも都内からやってくる若手の姿が頼もしい猟場だ。ここで若手の師匠役を務めるのが山内茂樹さんだ。過去にも狩猟現場の取材でお世話になったが今回は料理、それも山内さんお得意のモツ鍋づくりをご披露頂く。

「まあ基本はよく洗うことだね。だってそうでしょ、糞が詰まっている所なんだからさ。徹底的に洗うことだよ」

そう言いながら山内さんは切り分けた内臓を三つの容器に入れ水洗いを始める。呼吸器系と肝臓、そして腸系に分けて流水を落とし続けるが、腹抜きの段階でも下処理としてかなり水洗いをした。それでもしつこいぐらいに洗う。以前、猟師でフランス料理のシェフが肝臓は絶対に洗わないと言っていたが、目の前の肝臓はどっぷりと水に沈んでいるではないか。これで問題はなし？

「水で洗っちゃ駄目だって？　ああ、それはヨーロッパのやり方でしょ。あっちは水もよくないし、臭いのがジビエだっていう思いこみがあるからそうなるんじゃないの？　レバーだってよく洗ったほうが絶対に美味しいんだよ」

レバーの臭みの元は血液だから、確かによく洗い生臭さが消えたほうが個人的にはいいと思う。牛乳に漬けてにおいを消す料理法もあるが、少し前まで近くの山々を走り回っていた新鮮そのもののイノシシだ。そこまでの必要はないだろう。

内臓を水洗いしている間に山内さんはニンニクを剝き始める。内臓料理にはやはりニンニクとショウガは欠かせない。皿一杯のニンニクとショウガが内臓の臭みを旨味に昇華させるのだ。

何度か水を換えつつ綺麗にした内臓の中から最初に手にしたのは何と肺。各地で猟師料理をたくさん見てきたが、肺を入れるのは初めて見た。

「食べられるよ、肺も。ここのモツ鍋で入れないのは膀胱と生殖器、それ以外は全部入ってるよ」

まな板の上では肺と胃、肝臓、心臓、腎臓などを大きく切ると、ポンポンと鍋に放り込んでいく。この鍋を火に掛けるがこれはあくまでも下処理。

「内臓は軟らかいから細かく切るのは大変なんだよ。一回湯がいてからだと切りやすいからね」

確かに内臓はふにゃふにゃして扱いにくい。加熱することで切りやすく、また湯がき捨てるからさらににおいが消えるという効果が加わるのである。

ザルに開けた熱々の内臓を再び流水でもみ洗い。いやもう、徹底的に洗う、洗う。手間のほとんどはこの洗いにかかっているのではないかというくらいに洗いまくるのだ。ひと口大に切られた内臓がどんどん綺麗になっていくのが分かる。これは美味いモツ鍋になりそうだ。

モツ鍋は豪快な猟師料理

大量のモツをザルに開けるといよいよ本格的な料理の開始だ。大鍋を火に掛けニンニクとショウガをどっさりぶち込み軽く炒める。これも初めて見る光景だ。普通のモツ煮込なら材料を水から煮るが、山内流は炒めるのである。

「このほうが香りもいいし美味くなるんだよ。昔からこのやり方だねえ、俺は」

いい匂いのする鍋へ準備したモツを投入すると軽く炒める。そしてホカホカ湯気をあげる鍋の上で、今度はゴボウをシャカシャカと切って落とす。阿仁マタギも野外料理で同じようにゴボウを切っていたのを思い出した。

ゴボウを入れ終わると、軽くかき混ぜてから水をドドッと入れる。そこへ畑から抜いたばかりのダイコン、ニンジン、サトイモ、シイタケ、エリンギを追加。ここで山内さんは一升瓶を手に取ると日本酒を鍋へ投入、そして自身の胃袋へも投入。これが美味いモツ鍋をつくる秘訣なのだ……多分。

味噌等の調味料を加えれば後はじっくりと煮込む。しばらく待ち時間があるなと思っていると、すぐ側でイノシシが罠に掛かっていると情報が入ったので見に行くこ

やっぱり寒い時はモツ鍋に限る！　冷えた体を芯から温め、疲れた内臓に優しく滋養を染み込ませる。部位のひとつひとつが汁の中でわいわいとにぎやか。見ているだけでもホッとする

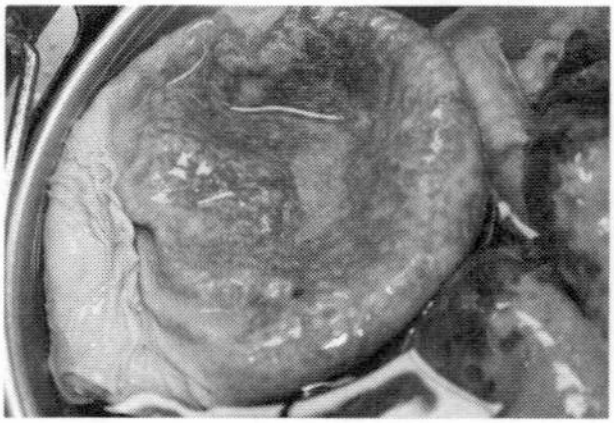

肺（フワ）などの呼吸器系、心臓（ハツ）や肝臓（レバー）、そして胃（ガツ）や腸（モツ）などの消化器系に分けて流水を落とし続ける。右上の写真のようにシンクが多いと、同時に各部位の水洗いができて便利だ。大量のモツを使う大鍋料理なので、この利便性は有効である。レバーなどの臭みの元は血液なので、よく血抜きをしたほうが生臭さが消える

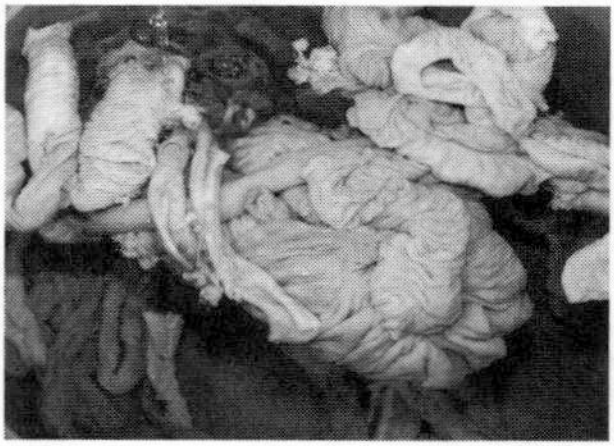

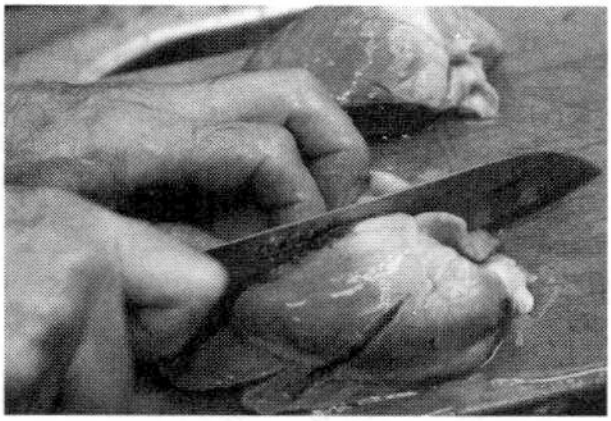

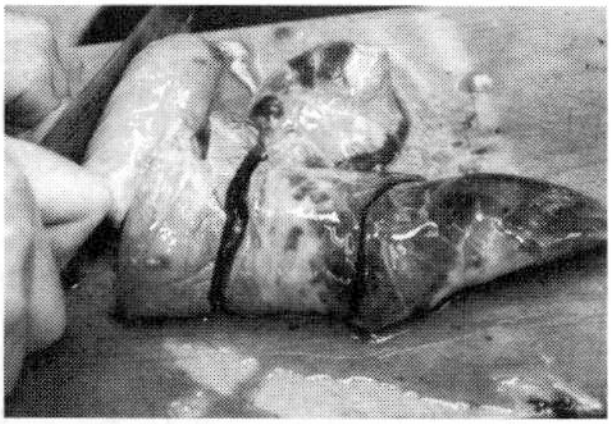

水洗いを終えたら、心臓や肺、肝臓などをざっくりと切り分ける。腸は柔らかい部位なのでそのまま切るのは難儀するため、一旦湯がいてから処理する。大鍋料理なので、ニンニクやショウガも大量に使う。この下ごしらえだけでも結構な時間がかかる。茹でるとアクがすごい。すくってもすくっても、悪魔のようにアクは出てくる

大鍋に次々に投入される材料や調味料。徐々にその中身が変化するのが面白い。多くの具材が一つの鍋のなかで交じり合いオーケストラのように響き合う

湯がき捨てたあとは、これまたしつこいくらいにモツなどをもみ洗いをする。何度も何度も流水で洗い流すことでモツは美味くなる。腸などをひと口大に切り終えたら、いよいよ次の段階にかかる。ニンニクやショウガを強火で炒めて香り出し。このにおいだけでもお腹がグーッと鳴り出す。ゴボウが炒めの段階で投入された。ゴボウのあとで水が加わる

やっとすべての具材が鍋に収まった。ここで少し煮込んでから味付けに入る。酒をドボドボと豪快に注ぐ。鍋が大きいと何でも豪快だ。ついでに山内さんもぐいと一杯。最後は味噌を溶かし入れながら味を調えていく。ここまでくれば、ほぼできあがり。美味そうだ

完成したモツ鍋。ぎっしりとモツと野菜が詰まっている。これは本当に贅沢な鍋だ。丸い鍋を仲間が囲みそこに話が弾む

とにした。罠は民家のすぐ側、杉林の中にあり、若いイノシシが足をくくられている。

「これは誰の罠だ？　早く連絡してやれよ」

猟仲間の罠ではないので勝手な真似はできない。確認だけすると厨房に戻ることとした。

「最近は罠を仕掛ける人が増えてねえ。獲物は減ってるんじゃないかなあ、やっぱり獲り過ぎだよね」

九州の山でも同じような話を聞いた。補助金目当てにお年寄りが頑張って山へ入る。多い人は年間200万円以上も稼ぐというから驚きだ。その結果、あれ程いた獲物は明らかにその数を減らし、古参の猟師たちは戸惑いを隠せない。全国的には増える獣害に悩まされる地区が多いのに一部では減っている。これはあまり知られていないようだ。

仲間の輪

辺りが暗くなってきた。別棟での解体作業が終わり、仲間たちがログキャビンに引きあげてくる。まずは新鮮なイノシシを囲炉裏で焼き肉にして乾杯！　シンプルで肉の旨味がストレートに味わえる炭火焼きは実に美味い。

「余分な脂が落ちるから美味しいんだよ」

皆の視線の真ん中には赤々とした炭火の上でジュッと音を立てる猪肉《しし》。それを平らげるといよいよモツ鍋の登場だ。二人掛かりで運ばれる大鍋は20kg以上あるのではないか。それを厨房から囲炉裏の上まで運ぶのはなかなかスリリングな光景だ。熱々の大鍋がどっしりと五徳の上に置かれると皆の顔が一層輝いた。

ここで改めて乾杯、そして山内さん渾身のモツ鍋をいただく。ああ、熱い、熱くて美味い。そして具だくさん。箸で挟んだ部位はどこだろうか？　穴が開いているから大腸か？　この味はレバーだな。軟らかいのは……肺かな？

野菜の赤や白も入り交じり何ともカラフル、誰かの台詞ではないが〝鍋の宝石箱やぁ〜！〟と言いたくもなる。

せっせとお代わりをしてもモツ鍋は減らない。それ程に凄い量なのだ。皆が腹一杯に食べても大量に余るが、あとは参加者のお土産となる。翌日のモツ鍋も大変美味しいのだ。

猟仲間がひとつ鍋を囲み和気藹々と語らう。同じ釜の飯ならぬ同じ鍋のモツを食べることで皆が丹沢の猟師としての意識を持つ。食べることは人と人を結びつけ絆を深める大切な行為だと再確認したのである。

モツと肉

内臓と肉、元々は一つの体だった訳だが、処理の過程で完全に分離されている。それはそれぞれの流通過程が違うからだ。繁殖された動物がどのようにして人の口に入るのか簡単に述べたいと思う。

牛豚鶏などスーパーで普通に売っている肉は人間が食べるために繁殖された肉だ。飼育は専門の農家が行い、それぞれの飼育期間は牛約30カ月、豚約6カ月、鶏約2カ月で出荷される。ここが野生肉との大きな違いで、雌雄年齢による個体差をなくし、一定の質を担保しているのだ。

牛豚鶏はスーパーでは同じ肉売り場に並んでいるが、それぞれの流通経路は異なっている。基本的には鳥類か獣類かで分かれ、販売も商店街では肉屋と鶏屋に分かれている。鶏屋には各部位（モモ肉、ムネ肉、ササミなど）以外にも内臓、ガラ、皮、そして瓶詰めされた鶏脂とスーパーではあまり見かけない商品まで並んでいるのだ。

それぞれ専門の農家で育てられた牛豚鶏は生きたまま解体処理施設まで運ばれるが、

この時牛豚は大動物、鶏は小動物に区分される。各県に複数箇所ある処理施設は大動物専用、小動物専用、もしくは両方受け入れ可能な施設だ。

施設のスタート地点は待機スペースである。ここでしばらく休憩をするが、これは輸送時の疲労やまた環境の変化によるストレスを軽減するのが目的だ。遠目に見える彼らの姿は実にのんびりとしている。この後自分たちが肉になっていくことなど知る由もない。

待機スペースから先は関係者以外が立ち入ることはできない。そこですでに映像を公開している海外の施設での情報等を元に話を進めることとする。

豚を落ち着かせるためしばらくのんびりさせることを係留という。この係留の後、豚は狭い通路に追い立てられていく。最初に向かうのは命を奪う場所、つまり生き物としての最後の場所だ。

命の奪い方は時代や国により千差万別で、ある国では道端に引き出した家畜の首を大鉈で切り落とす。またある国では頸動脈をナイフで切り、息絶えるまで血の海に放置。またある国ではハンマーで頭蓋を一撃で砕き倒すのだ。

現代の日本では家畜に必要以上の苦痛を与えないような配慮がされているが、これは動物愛護の観点と肉質を少しでも落とさないようにするためでもある。係留場から移された豚の息の根を止めるために使われるのは電気や炭酸ガスだ。電気でショックを与え仮死状態にするか、またはガスを使い窒息させる（牛などは専用の銃器で頭を撃つ場合もある）。これらを使用して今でいうところの心肺停止状態にした豚は、脚を吊されて解体ラインの中へと移動していく。

吊された豚は、まずナイフで喉を開き大動脈を切断して一気に放血する。少しでも早く血を出すことで肉に残る血生臭さを軽減するのが目的だ。

ヨーロッパではこの時に血がほとんど滴ることなく作業している国もある。血管をナイフで切らずにパイプ状の器具を差し込み、血液を強制的に吸い出す。豚の血を使った様々な製品が存在するお国柄なので、材料としての血液を廃棄せずに利用するのだ。

放血を終えた豚は、吊されて次のブースへと移動する。そこで頭部を切断し体中の毛を除去した後は、急いで内臓を摘出する（順番は若干異なる場合もある）。

すべての動物は死ぬとすぐに内臓でガスが発生する、つまり腐敗の始まりだ。これは内臓のみならず肉にも嫌なにおいをつけてしまうので、まだ温かい体温のあるうちに速やかな処理が鉄則なのだ。この時に膀胱や肛門といった排泄に関係する臓器を傷つけないよう特に気を付けて取り出す。

吊された体から抜かれた内臓は足下へ落とされ、そこに置かれたコンテナへ収まる。ここで内臓と肉が別々のルートへと分かれていく。内臓と肉は組成が全く違うために一緒にすることができないのだ。こうして肉屋とホルモン屋という最終小売りの段階まで、内臓と肉は別ルートを辿っていくのである。

子供の頃、市場には肉屋、鶏屋そしてホルモン屋があった。ホルモン屋の店先には平たいガラスケースに入った様々な内臓が並び、実にカラフルで綺麗だなと眺めたものである。内臓は肉に比べると安価だが、栄養価は高い。関西ではホルモン、その語源は〝放るもの〟、つまり捨ててもいいような部分ともいわれるが、決して価値がない食材とはいえない。実際に狩猟の現場では獲った人しか食べられない訳だから貴重な内臓である。

ツキノワグマの狩りと食

阿仁（秋田県北秋田市）
白山（石川県）
奈良俣（群馬県みなかみ町）

クマ肉食

クマ肉を初めて食べたのは30年以上前のことだ。北秋田市阿仁（当時阿仁町）にマタギの取材で訪れた時である。帰り掛けに道の駅を覗くと業務用の冷凍庫がありその中にブロックのクマ肉を発見した。

「これはどうするべきか？」

100〜200g程度なら躊躇なく買うのだが、手にしているのは1kgのブロックである。値段は1万円に近く冷凍庫に戻したりまた手に取ったりとしばらく悩んだ。しかし初めて見るクマ肉、好奇心は抑えられず結局購入したのである。

東北道をひた走り8時間掛けて帰宅すると、早速教わった調理方法でクマ肉料理に取り掛かる。基本は和風の煮物だが、印象は正直薄かった。ただアクの凄さは並みではないなと思ったのである。このクマ肉は比立内の精肉店が販売しているもので主人がマタギ、つまり正真正銘のマタギが獲ったクマの肉なのだ。昨今は獣肉利用が盛んになり直売所やスーパーで地元産獣肉を販売しているが、阿仁では以前から普通に売られていたのである。

地区内の宿泊施設ではクマ鍋やクマ肉ラーメン等でお客さんに提供されているが、あくまでもクマ肉の試食といった感じだ。大ぶりの肉に食らいついてクマを堪能するという訳ではない。やはり貴重な食材、どこにでもある訳ではないから少量でも話のタネになるのであろう。

日本のクマについて

日本国内には2種類のクマが存在する。北海道に生息するヒグマと本州以南のツキノワグマだ。九州のツキノワグマは正式に絶滅が発表されたが、随分以前から糞や毛、クマ棚等の痕跡は見つかっていない。そのことから半世紀以上前には絶滅してたと考えるのが妥当ではあるまいか。一時期それらしい姿も見られたようだが飼われていた個体を山に逃がしたというのが実情らしい。

四国では徳島県の剣山周辺に20頭程度生息しているのが確認されている。しかしこの数では群れを維持するのは困難に近く絶滅する恐れがある。日本各地で見ていくと中部地方以北に多く生息し、それ以外は少ないといえるだろう。

ツキノワグマの生息域はもちろん山の中であるが、近年は集落内を闊歩する姿も見られる。これはシカやイノシシも同様だ。個体差はあるだろうが、ツキノワグマ自体は臆病で積極的に攻撃してくる生き物ではない。どちらかといえば大人しく、人の気配を感じれば隠れるか逃げ出すのだ。

遭遇事故にあった場合を分析すると子育て時期が多いようだ。よくいわれる子連れには気を付けろ、である。子グマがちょろちょろしているのを見たら間違っても写メしている場合ではない。近くには必ず母グマがいるのだ。非常に危険な状態にあり急いでその場から離れなければならない。

次に危険なのは〝森でバッタリ〟だ。山菜やキノコ採りで山の中を歩き回っていると何の前触れもなくいきなり襲われる場合が多々ある。多々あるというよりこの手の事故が最も多いのではないだろうか。山菜やキノコを採る人は下ばかり向いているから前方に対する注意力が散漫になりがちだ。ツキノワグマも目があまりいいほうではないので、直前までお互いに気が付かず出会ってびっくりとなる。視力はよくないツキノワグマだが嗅覚は非常に鋭い。なのに何故人の存在に気が付かないのかというと単純に風向きの問題なのだろう。

遭遇事故を回避するにはどうしたらいいのか。クマ除けの鈴を付けて山へ入る人は多い。またラジオを持っていくという人もいるが、やはり邪魔だし電波状態が悪ければあまり意味はないだろう。定期的に大声を出して積極的に人の存在をアピールするマタギ流が一番簡単で手っ取り早いかもしれない。

「ほやぁ〜ほやぁ〜」

「ほーーーっ！　ほっ！」

これはクマ猟の時にマタギが大声で発する声だ。マタギとは何者でどんな猟をするのか見ていきたい。

マタギとクマ

マタギについて簡単に述べるのは難しいが、あえていうと山猟師である。山猟師は北海道から西表島まで各地にいるが、マタギといえるのは下北半島から長野新潟の県境にある秋山郷までの範囲だ。さらに地域は限定され、その特徴は雪深い山間地、そして秋田県の阿仁地区と縁が深い。つまり阿仁地区がマタギの核心部といえるのだ。

マタギのクマ猟は猟期である11月15日から翌年2月15日までの通常の猟期に行われている。これは冬眠前の秋グマ猟といわれる。対して4月末から5月初旬にかけて行われるのが最もマタギらしいといわれる春グマ猟だ。この時期は長い冬眠から目覚めたクマが穴から出てきて間もない時期である。4カ月近くもの間活動をしていなかったクマの体には大きな変化が起きているのだ。まずは見た目、山の中を歩き回らないので毛も爪も綺麗に伸びている。つまり毛皮の価値が高い。今でこそ獣の剝製や敷皮は悪趣味と感じる人が増えたが以前は違う。特に高価なクマの皮や剝製は一種のステータスシンボル、また宿泊施設でも絶好のアイコンとして重宝されたのである。

春グマからはもう一つのお宝が手に入るがこれこそマタギの狙いなのだ。それは胆囊で、食べ物の消化には欠かせない胆汁を生み出す器官である。これが長い絶食生活の間使用されない胆汁が溜まってパンパンになっているのだ。その胆囊を丁寧に加工して漢方薬であるクマの胆として売るのが昔からのマタギの経済活動でもある。金と同じ価値があるとされるクマの胆はあらゆる病に効く万能薬として各地で売られた。マタギやその関係者が売薬業を営み、それが山深い地域に経済的な波及効果をもたらしたのである。つまりマタギは直接的に食べることよりも経済的な理由で多くのクマを狩っていたのだ。とはいえ貴重な動物性たんぱく質が集落の恵みであったことは確かで、お裾分けで貰ったクマ肉を皆大切に食している。

マタギとクマ猟に行く

マタギとの山行きは簡単ではない。特にクマ猟は道無き道を進むわけで、例えると山そのものを泳ぎ回る感じに等しい。これは山歩きが不得手な者にとっては困難を極める作業となる。しかしそれをしなければクマには会えないから頑張るしかないのだ。

ある年の11月半ば過ぎ、根子マタギの佐藤弘二さんたちと秋グマ猟へと向かった。この年は稀にみるブナの実が豊作の年でクマの動きは非常に活発、あちこちから捕獲情報が伝わってくる。

「同じブナの下で3日連続で獲った人さもいるべ。はあ、またいる、またいるってなあ。もうずーっとブナ栗さ食べてるんだぁ」

長い冬を前に山の生り物が豊作なのはクマにとって有難い状況だ。しかしそれを察知したマタギから逃れることは難しい。

氷点下近くまで冷え込んだ尾根筋から双眼鏡で彼方を見つめるふたり。うっすらと雪が積もった斜面にはブナの巨木、そしてその根元に黒い影。8倍の双眼鏡を渡されたがその黒い影がクマには見えない。しかし二人はクマだと確信を持った。そうなると行動は速い。林道からそのまま急斜面を降りるとクマの居たほうへと歩を進める。しかし尾根筋と違い森の中へ入り込むと位置関係が皆目分からなくなってしまう。土地勘のない私は当然のことだが、慣れたマタギたちも慎重に辺りを確認し自分たちの位置を見定めクマへ最善のアプローチを試みている。

沢まで降りるといよいよ猟が始まる。二人しかいないのでいわゆる巻き狩りにはならないが、勢子役がクマを追うのは同じだ。ただブッパ（撃ち手）は一人なので、点と点を上手く結ばないと獲れないのである。

ブッパの後を追いながら斜面を登る。かなり冷え込んでいるが体は熱い。山は何時も熱い。ここぞと定めたところでブッパは倒木の上に腰を下ろす。私はその数メートル下でカメラを手にぼーっと辺りを眺める。

「何時頃始まるのかな？　今日は獲れるのかな？　まあ、獲れないかなやっぱり。何時頃山降りるのかな？　夜になるのは嫌だなあ……」

基本的にマイナス思考なのでこんなことばかり考えている。その間もブッパは頭の中でシミュレーションを繰り返している。あそこら辺りから出てくるか、それともこっちか？　それなら位置を変えたほうが対処しやすいのではないか。若干の位置修正を終えるとブッパは木になった。〝木になる〟とは森の木と一体化して獲物に気取《けど》られない状態を指す。一切の邪念を払いじっとその時を待つのである。対照的に邪念以外の何物もない私はぼーっと石の上に座り周りを眺めていた。

？

？？？

何かが視線の端をかすめた。ブッパの後方の稜線にゆっくり目をやると何かが動いている。丸まった黒い塊がすっと動くとそれはクマの姿になった。

「クマだ‼」

っと大声を出しては逃げられる。かといってカメラしか持たない私には手が出せない。ブッパまでは数メートル、背後を指さし口をパクパクして知らせるが彼は怪訝な顔をしているだけで気が付かない。

「何？　わからねえからこっちさこ！」

仕方がない、ゆっくり近づいて小声で

「あの……クマ、クマがいますよ～」

「どさ！」

ブッパは私が指示したほうへ銃を向けるとすぐさま引き金を引く。辺りにこだまする銃声に耳が遠くなる。それと同時にクマの姿が見えなくなった。

「どした？　中《あた》ったか？」

ブッパも私も転げ落ちるクマの姿が確認できなかった。中ったのか、それとも逃げたのか？　二人して辺りを見渡していると三段滝の一番下に黒い塊が見える。

「クマだ！　よし、しょうぶ～っしょうぶ～っ‼」

これはクマを仕留めたマタギが大声で叫ぶ勝負声で、本当は無関係の人間が発してはいけない。しかしこの時はあまりに嬉しくて私も一緒に勝負声を上げながら斜面を駆け下りたのである。今思えば滑落しなくて本当によかった……。

こうして授かったツキノワグマは130kgの雄だった。一般的に捕獲されるツキノワグマの体重はおおよそ60～80kg程度だから大物といえるだろう。この大物を谷底から林道まで運び上げるのが大変である。近ければロープやワイヤーを使って直線的な引き上げも可能であるが余りに遠すぎる。結局、現場で解体をしてそれを小分けにして担ぎ上げるしか方法がない。冷え込む山中でマタギたちは黙々と手を動かし2時間程かけてツキノワグマを解体したのである。ぎっしりとクマ肉が詰め込まれたリュックの重さは30kg近い。それを背負うと林道へ向けて急斜面を登ることさらに2時間、私はマタギの荷物とカメラを抱えての登坂でギブアップ寸前まで追い込まれた。しかしマタギたちはクマ肉を一旦ジムニーに積み込むと再び谷底まで降りて行く。彼らが里に戻ったのは日がとっぷりと暮れてからだった。

クマ肉料理いろいろ

阿仁で本格的なクマ料理を初めて食べたのは30年以上前だ。荒瀬地区にあるマタギの西根稔さんが仕留めた１００kg超のクマである。西根さんは私の山の師匠であり袋ナガサというマタギ独特の刃物をつくる職人だった。

西根さんの家で解体は行われた。先に述べたように引き出しが困難な場合は現場で解体するが、基本的には里で行うのが普通である。

解体はクマの魂を沈め山の神に感謝するケボカイという儀式から始まる。皆が頭を垂れクマに手を合わせる姿はクマが如何に特殊な存在であるかを物語っている。ケボカイが済むと喉元から切り込み、腹を開いて内臓を抜く。それから皮を丁寧に剝ぐ。皮は貴重な商品だから穴を開けたら大変、慎重に手を動かす。剝ぎ終われば各部位ごとに肉を切り分け仲間に均等に分ける。これをマタギ勘定という。シカやイノシシの集団猟でも全国同じ分配方法が行われている。極北のイヌイットも全く同じ作法なの

車を止めている稜線までクマを引き上げることなど到底不可能。こういう場合は現場で解体するしか方法はない

ベテラン二人のマタギによる作業で、さしもの
大グマもどんどん解体されて肉となっていく

風はないが気温は低い。そんななか、皮
を剥ぐためにクマに切り込みを入れる

で狩猟民にとっては当たり前なのだろう。

解体が終わればいよいよ料理である。つくるのは基本的に煮物、鍋料理で肉、内臓、骨とそれぞれにマタギたちが腕を振るうのだ。味付けは酒、砂糖、醤油、そして味噌を入れる和風でダイコンも加えた。

クマは基本的に煮込み料理だが、これは以前料理に囲炉裏が使われていたからである。コトコトと部屋の真ん中で自在鉤に吊るされたクマ鍋は昔話の世界。今では阿仁地区に囲炉裏のある家は一軒もない。

クマ鍋に何も他の具を入れないという人のほうが多いようだ。しかし、古老に聞くと以前はマタギの人数も多く、当然分け前は少ない。その分、ダイコンなどを入れて鍋のかさ増しをしたそうだ。ある人がクマ鍋にはゼンマイが合うというので試したがこれは本当に美味しい。そこの山にいたクマとそこの山で採ったゼンマイは相性が良いのだなと感心する。

同様に根子山中でマタギの佐藤弘二さんとクマの野外料理（山菜入り）をつくったことがある。5月半ば過ぎ、沢筋に残雪はあるがいい天気で暖かい。料理はまず山へ入って山菜を集めることから始まる、これもマタギ流である。探すのは私が勝手に秋田の三大山菜と呼ぶホンナ、シドケ、アイコだ。この時期、阿仁の人たちはこれらの山菜を求めてせっせと山へと入っている。

集めた山菜の中でクマと煮込まれるのはアイコ（ミヤマイラクサ）だ。その名の通り、チクチクする小さな棘が全体を覆っているために下ごしらえとして皮を剝かなければならない。それが済むと沢水を鍋で沸かして細かく切ったクマ肉を入れる。一旦沸騰させると佐藤さんは鍋を持って沢に降りた。そして湯を捨てると沢水でクマ肉を洗い始めたではないか。

「こうすると味がよくなるのしゃ。クマ肉が〝さわっ〟っとするんだぁ。他の人方はこれができねえのしゃ。もったいないって言ってなあ。でも洗ったほうが絶対に美味しいんだよ」

軽く洗ったクマ肉に沢水を入れ直すと再び火に掛ける。沸騰したら今度は先ほど集めたアイコをどんと入れる。瞬間にアイコは目も鮮やかな緑色、クマ肉とのコントラストが実に綺麗だ。仕上げは佐藤さん自作の秘伝のタレを入れてしばらく煮込めばできあがり。山の中で沢の音を聞きながら食べるクマ鍋はまたひと味違って趣があっていい。

クマ料理で珍しいのはやはり内臓の煮込みだろう。内臓の料理にはクマが直近まで食べてきた物の種類が大きな影響を及ぼす。ドングリが豊作の年ならばドングリのア

新潟県南魚沼市清水地区のクマ鍋。これほど具だくさんのクマ鍋は珍しいが、味わい深く非常においしい料理だ

シンプルイズベストのモツ煮込み。何も足さない、何も引かないという感じのクマ料理だ。モツにはやはり独特の感激がある

秋田県阿仁根子地区、厳冬期の山の中でつくるクマの骨鍋。ダイコンを入れてグツグツと煮込む。寒さの中でいただく骨鍋のうまさは格別だ

クが内臓に残る。若干紫がかった内臓はブナの実を食べた時の物とは全く違う風合いで癖になる美味さだ。個人的には微かなほろ苦さを感じさせるこのドングリグマの内臓は好きである。肉に関してはブナの実を大量に食べた時のクマは非常に美味いと思う。ブナの実由来の脂肪は融点が低く冷えてもあまり固まらない。このクマの脂は肌に付けるとまるで吸い込まれるように染み込みべたつくこともなく不思議な脂である。

すき焼き？　ラーメン？　ポトフ？

クマ肉のオーソドックスな食べ方は煮物だが、実は様々な料理に変身する食材でもある。阿仁マタギはもっぱら煮物だが、石川県の猟師はすき焼きが一番美味しいというではないか。

「すき焼き？」

以前、松阪市で一人2万円超のすき焼きを食したことがある（自腹ではない、もちろん取材で）がひょっとしたらそれ以上の高級な料理なのか？　食べてみたいがこればかりは獲れないとどうしようもないのである。

しかしついにその日がやって来た。朗報は松本市のベテラン猟師上條栄さんからもたらされた。猟期の初日に獲れたクマ肉があるからすき焼きを御馳走しましょうといわれたのだ。これは行くしかない。

「昔は5年に一度くらいしかクマは獲れなかったんですよ。最近は獲れるようになって、いつだったかは一日一山で4頭獲ったことがありますねえ」

一日に4頭とはもう大騒ぎではないか。阿仁根子の佐藤弘二さんは3人で一日3頭獲ったことがあり、その時は集落中がお祭り状態になったと話してくれた。酒を持ち寄った人たちで家がごった返し、クマ肉は短期間で全て隣人たちの腹へと収まったのである。それほどクマは嬉しい山の恵み、授かりものなのだろう。

上條さんの猟場はシカ、イノシシそしてクマが混在している。以前、厳冬期にお邪魔した折にはシカとイノシシを一頭ずつ手に入れた。かなり面白い猟場である。

「クマはなかなか獲れないんですよ。まあ獲れないからこそ獲りたい気持ちが強いんでしょうね。食材としては美味しい、モモもロースも内臓もどれも最高ですよ」

ベテラン猟師が最高の食材と認定するクマ肉を早速すき焼きに……といってもやり方そのものは牛肉のすき焼きと同じで何ら変わったところはない。肉がウシかクマかの違いだけだ。まずは油を引いた鍋でクマ肉を焼いて野菜を加え、そこへ割り下を注いで煮る。いうまでもなく簡単極まりないのがすき焼きだが、実家ではほとんど食べ

写真提供＝上條 栄

た記憶はない。個人的な経験で恐縮だが、子供の頃は家で肉を食べる機会が圧倒的に少なかったのである。魚系がメインでそれも煮物、焼き物は食べたことがあまりない。牛肉等は夢でありステーキといえばクジラ肉、そんな家だった。

実家とは大違いの上條さんのお宅は非常に立派だ。まるで高級料亭に来たみたいだなと思いつつ、ぱくりとクマすき焼きを頂く。おっおおお～これは本当に美味いのだ！　ジュージュー炒める香りもいいし口に広がる肉の旨味も濃くて最高ではないか。上條さんのお孫さんたちもクマすき焼きは大好きでばくばく食べるそうである。

「クマを初めて獲った時は鍋にしたんですよ。その時も美味しかったけど、醤油と相性がいいからこれはすき焼きでもいけるんじゃないかと思ったんです」

その後はいろいろなクマ料理に挑戦している上條さんだが、和風以外にも美味しい調理方法に気が付いた。クマ肉をハチミツと醤油でコトコト煮詰めて佃煮、骨からとったスープはラーメンスープにすると最高に美味いそうで、塩ラーメンがベスト。変わったところではセロリ等の野菜と煮込むポトフもお勧めだというから和洋問わない食材といえる。

「クマ脂でタマネギを炒めてからカレーをつくるんです。クマ肉がゴロゴロ入ったカレーは凄く美味しいですよ」

すき焼きのシメにうどんを投入する。これも実にシンプルながらうまい。うどんにクマと野菜の味が染みて最高!!

そう言うのは小澤美恵さん、狩猟を初めて5年程だがクマを探知する能力に長けている。この人と山へ行くと何故かクマが獲れると上條さんが信頼する方だ。炒めるにもクマ脂を使ってクマ肉をドカンと入れれば絶品のカレーになるのか……やはり肉の存在感が希薄では駄目らしい。

「クマはモツも美味しいですねえ。味噌仕立でニンニクとショウガをたっぷり入れてつくるんです。私はモツが一番好きかなあ」

今回すき焼きにしたクマも昨年の秋に仕留めた個体でやはり小澤さんが真っ先に発見している。100kgを超える大きなクマだったそうだ。小澤さんはクマモツ大好き人間だからクマアンテナが働くのかもしれない。

私も阿仁で獲ったクマ肉を3kg程持ち帰って煮物や焼き物にしたことがある。煮物は圧力鍋を使うから軟らかくできるが、薄切りにするのが難しく焼き肉は苦戦した。スライサーを使えば問題ないし、または半冷凍状態にすれば手切りでもすき焼き用にできるだろう。ミンサーで挽けばクマ肉ハンバーグも可能だが、やはりクマ肉そのものが大量になければできない料理である。

クマ獲り集落の味覚

阿仁マタギの古老に聞くと、昔はクマも刺身にして食べたという。赤身ではなく脂身で魚の刺身と同じような感じだったそうである。中部地方でクマの刺身を食べたことがあるが、やはり脂身で冷凍に近かった。口に入れるとふわりと溶ける食感、甘みがあって美味しかったがやはり獣肉の生食は少し怖いのである。

新潟県魚沼市清水地区で〝山の宿雲天〟を営む小野塚和彦さんに話を聞いた。小野塚さんは子供の頃のクマの味をよく覚えているそうだ。

「ここは古くからクマ獲りの集落なんです。クマが獲れて解体する時は子供たちが見物に集まるんですよ。みんなで見ていると脂身をくれてね、それを口に放り込む。硬いんですがクルミガムみたいな感じで美味しかったですよ」

クルミガムとは当時売っていたガムのことらしく、それと同じような風味だったそうだ。クマの脂身をくちゃくちゃと噛みながら解体を眺めるのはクマ獲り集落の子供ならではの楽しみでもある。

その昔は集落でクマが獲れるとお祭り状態でモツ鍋が住民にはふるまわれた。身近にある野菜（ダイコン、ニンジン、ジャガイモ等）を放り込んで煮込むモツは子供心にも嬉しい料理である。

「頭蓋骨で鍋にもしたんですよ。大きいでしょう、頭蓋骨って。それを鍋にどんと入れて出汁をとるんです」

鍋は阿仁でも定番のクマ料理だが、頭蓋骨鍋とは初めて聞くクマ料理である。

〝山の宿雲天〟には立派な囲炉裏がある。その真ん中にはぐつぐつと煮える鍋が掛かっていた。蓋を開けるとふわーっと立ち上る湯気といいにおい。中身はもちろん小野塚さんが獲ったクマである。

大きめの器で頂くクマ鍋は何とも具だくさんで驚く。シンプルなイメージが強いクマ鍋だが、これはけんちん汁のようにも見える。味噌仕立てで実に美味しい。ああ、クマ肉は他の具材を引き立てるのだなあ。具だくさんでも個性をきちんと主張できる肉なのだ、クマ肉は。

「最近は煮立てたら一度水を捨ててから肉をざっと洗うんです。そのほうがはるかに美味しくなるんですねえ。まあアクが抜けるからでしょう。それまでにおいが気になって食べなかった女の人でも美味しいっていうんですよ」

これは根子マタギの佐藤弘二さんと全く同じやり方ではないか。モツは洗うほどに美味くなるというが肉も似た傾向があるのだろう。ちなみに小野塚さんの父親とお爺さんもクマ獲りだった。

「親父は一人で山へ入って、クマを背負って帰って来るような人で誇らしかったですねえ」

18歳で初めてクマを撃ち、90年の生涯で97頭を仕留めたというからかなりのツワモノだ。そんなクマ獲りの清水集落も今では小野塚さんを含めて二人しかクマ撃ちがいないのは寂しい限りである。クマ撃ちがいなくなることはクマ肉食文化も消えるということなのだ。クマ肉食を流行らせる必要は全くないが消え去るのはやはり残念である。

ツキノワグマと人

ツキノワグマは非常に憶病で大人しい性格だと長年いわれてきた。奥山の開発や乱獲で急激に数を減らしていると考えられた時期もある。しかし最近は人里に平気で出没し個体数も実は減っていないのではないかという意見も多いのだ。その生態や行動に依然謎の多いクマと各地の山人はどう向き合ってきたのだろうか。

クマとの遭遇方法　その1　追跡

クマを手に入れるにはその痕跡を探ることから始まる。爪の跡、杉の皮剝ぎ、糞、そして最も重要なのが足跡だ。特に降り積もった雪に残された新しい足跡ほど存在を感じられる痕跡はないだろう。群馬県みなかみ町のベテラン猟師で山の達人である高柳盛芳さんに3年が掛かりで仕留めた大物クマとのいきさつを聞いた。

「あれは確か12月7日の初雪の時だなあ。場所は奈良俣のほうだったよ。でかい足跡があってなそれで追ったんだ」

足跡からすればかなりの大物である。慎重に追跡したがどこまで行っても姿を確認することができない。結局その時は銃を構えることはなかった。

「警戒心が凄く強いんだろう。罠には絶対に掛からねえ、賢いんだな。こっちも初めての奴だから行動パターンが全然分からなくて逃がしてしまったよ」

翌年の猟期を迎え高柳さんは奴との出会いを期待した。非常に賢い奴だから誰も獲ってはいないはずだ。仕留めるなら俺しかいない。そんな気持ちで雪が降るのを待ちわびる。

そして……。

「またでかい足跡があってずーっと追いかけたんだけど気取られたんだな。俺を巻くつもりであちこちふらふらするんだ」

この時も奴の姿を確認することはできなかった。しかし行動パターンを読み取った高柳さんには次で仕留める確信をもったのである。

そして翌年の猟期、待ちに待った新雪が奴の存在を知らせてくれた。

「間違いなく同じクマだ。もう歩くコースは分かっているからな、先回りして絶対にここに来るって所で待ったんだ」

奴は直ぐ側まで来ているはずだ。高柳さんは静かな森で神経を研ぎ澄まし待ち構える。しかしなかなか奴は現れない。時間からすれば来ているはず、これは気づかれたか？　急いで確認すると案の定、奴は斜面を降りて林道に出たらしい。車の轍を踏んで新雪に足跡を残そうとしない賢さだ。しかし川に降りたと判断して追跡する高柳さんはついに奴の姿を捉え〝ぶった〟のである。改めて見るととんでもない大きさだった。とても一人で運べる訳がなく、知り合いに電話をして手助けを頼んだ。

「6人連れて来いって言ったんだけど、来たのはたった一人。そんなもんじゃ運べねえって言ったのに」

人間二人の力ではびくともしない巨体は滑車をふた組使って徐々に動かし、何とか軽トラまで運んだのである。

苦労して回収した奴は何と190kgの大物だった。若い頃に前足を撃たれたらしく、そのせいで左右の長さに若干の差がある。用心深い性格はそんな経験からきたものかもしれない。3年間追い求めた奴との勝負は終わり、高柳さんは少し寂しい気もするのだ。

クマとの遭遇方法　その2　落ちてくる

クマが木登り上手なのはよく知られている。カキやクリの実を食べたり、のんびりと枝の上で寛いだりする姿を見た猟師はいるだろう。石川県白山山麓の猟師、長田泉さんがマイタケ採りに行った時のことだ。リュックにたくさんのマイタケを入れて山を歩いていると真後ろでドサッと音がした。

「振り向いたら黒い塊がいきなり飛び掛かってきたんです」

事前に全く気配はなかった。まるで天から降ってきたようなクマといきなりの格闘である。致命傷を負わないように防御しながら長田さんはピッケルで反撃。

「普通はピッケルを持って山には行かないんですよ。この時はたまたま知り合いから貰ったのを持参していたんです」

クマの執拗な攻撃、長田さんはクマと共に沢に転げ落ちる。しかし何とかピッケルでクマに致命傷を与えるとナイフでトドメを刺した。しかし体は大丈夫だったのだろうか？

「いやあ今でも左肩がまだ痛いんですよ。後ろに首が回せなくなって……」

戦いには勝ったが後遺症は残っているそうだ。

秋田県阿仁町の松橋孝則さんも秋の山で怖い目に遭っている。比立内地区でもマイタケ採り名人として知られる松橋さんが大量のマイタケを背に山を下りる途中のことだ。

「朝から奥山さ行ってるから疲れてなあ、大きな木の下で休憩してたんだあ。タバコ吸ってたら何かが頭の上さ〝ボタボタ〟って落ちてきてなあ」

何だろうとその物体を見るとクマの糞である。自分が休んでいる木の上にクマがいるのは間違いなかった。まるで存在を誇示するかのようなクマの脱糞、松橋さんは恐ろしくて木の上を見上げることができない。静かにリュックを背負うと忍び足でその場から離れたのである。

「いやあ、あれは怖かったなあ」

真夜中、一人で奥山まで入って行く豪胆な人でもやはりクマとの遭遇は怖いのだ。

クマとの遭遇方法　その3　覗く

クマと確実に顔を合わせたいのなら（それも至近距離で）冬眠中の穴を覗くのが最も確実な方法だろう。古のマタギたちは穴の中へ入りクマを蹴りだしたとか、様々な方法でクマを追い出して撃とうとしたのである。前述した白山山麓の長田さんは初めてのクマ猟に行った時のことを話してくれた。

「先輩の猟師と一緒に山へ入ったんですよ。その時、一人で猟場を歩いていていたらクマ穴が見えたんです」

初めて入る猟場で見つけたクマ穴に長田さんは躊躇なく頭を突っ込んだ。むわっとした空気で一気にメガネが曇る。

「これは絶対にクマがおる思いましたね。それで先輩に知らせたんですが信用せんのですよ」

狩猟免許を取って初めての山入りだ。そんな新人に何も分かる訳がないと誰も相手にしない。しかし長田さんが諦めないので渋々現場へ来た先輩もクマの存在を確認すると仲間を集めたのである。

「穴の中のクマをどうやって出すか話をしとる最中に飛び出して来たんですわ」

クマ撃ちのベテランぞろい、その中に飛び出したクマには逃げ道などなかった。クマ穴を見つけたことは結果的に長田さんのお手柄だったが、いきなり穴へと体を突っ込んだことは先輩たちからかなり怒られたそうである。

冬眠中にクマが出産するのはクマ穴こそ最も安全な場所だと認識しているからだ。外敵に襲われる恐れがほとんどないから出産ができる訳であるが、そこにも人間はやってくる。

近年、クマの目撃情報が増えている。特に最近は道端や集落内をうろつく姿がドライブレコーダーやスマホに記録される。さらにはネットにアップされ余計にクマの出没感が増幅しているのではないか。クマが人を恐れなくなったから真昼間堂々と出てくるといわれるが、個人的には個体差だと感じている。大胆な動きをするクマは少数派、とはいえ出合い頭で事故に繋がるのは避けられずクマ脅威論が高まるのだ。そんな状況下で、今まで禁猟だった地域でもクマを駆除し始めている。リスクでしかないクマはいないほうがいいという考え方なのだろう。欠席裁判で常に有罪を宣告されるクマにも言い分はあるだろうに……。

ウサギは何処へ行った?

阿仁
(秋田県北秋田市)

シカやイノシシは国内で最も多く捕獲される狩猟獣として認識されているだろう。しかしわずか30年程以前はその姿さえ見なかった地域も多かったのである。かつて手軽に捕獲されたのは小動物や鳥類であり、中でも人気があったのはウサギだった。

ウサギ罠は子供の遊び

日本各地のベテラン猟師たちから子供時代は盛んにウサギを獲った話を聞いた。細い針金でつくった仕掛け、いわゆる胴くくり罠である。つくり方は至って簡単で子供でも扱うのが容易い罠だ。

「いやあ、学校さ行く途中で仕掛けるんだよ。それを帰りがけに調べて掛かってたら大喜びで家さ持って帰るんだぁ」

下北半島の爺ちゃんが懐かしそうに話してくれた。自身ではあまり獲れなかったそうだが上手な子は多くの獲物を手に入れる。技術的には罠を仕掛ける場所、地面からの高さ、輪の大きさとさまざまな要素を考慮しなければならない。罠そのものの構造は単純ではあるがやはり狩猟、観察眼や創意工夫が大切なのだ。獲れる子と獲れない子の差は大きいのである。

秋田県阿仁地区でもウサギ罠猟は盛んに行われていた。ウサギを手に入れると真っ先に耳、雄なら睾丸を抜いて囲炉裏で焼く。これに塩を振って食べるのが実に美味しかったと打当マタギの鈴木英雄さんは言う。肉は家族にとっても大切な食材、おまけに上質の冬毛ならよい小遣いにもなったというから優れた山の恵みだ。

胴くくり罠以外のウサギの獲り方として子供たちが楽しんだのは追い込み猟である。石川県小松市山間部では大切な学校の行事でもあり、場所は学校の裏山だった。やり方は至ってシンプル。生徒たちが山へ登ると一定の間隔で横並びとなる。配置が完了するまでに下で陣取る先生たちがウサギ獲り用の網を張り巡らすのだ。そこへ一斉に山の上から子供たちが叫び声をあげながらウサギを追うのである。斜面を駆け下りて来るウサギは網に突っ込んで動けなくなり捕獲される。こうして手に入れたウサギは給食の材料となった。

「みんなで獲ったウサギはね、給食でカレーになったの。凄く美味しかったよ」

小松市大杉町で子供時代を過ごしたご婦人が懐かしそうに話してくれた。自分たちの力で山の肉を手に入れる経験は貴重である。これは学校唱歌ふるさとで歌われる〝ウサギ追いしかの山〟そのものなのである。そして誰もが勘違いした〝ウサギ美味し〟でもあったのだ。ちなみにウサギの追い込み猟で使われた網は白山市鳥越地区にある道の駅併設の〝一向一揆資料館〟に展示されている。テニスのネットのような感じで実際に使われていた物だ。施設の見物客はまばらで見た人もほぼ興味を示さないが、裏山でのウサギ狩りの話を聞いた後だとひときわ感慨深かった。

ウサギ狩り

阿仁マタギとの付き合いは30年以上になる。恵みを求めて春夏秋冬、山へと連れて行って貰ったが中でも楽しかったのはウサギ狩りだ。３ｍ以上の雪に覆われる厳冬の山中へ踏み込むのは九州出身の身にとっては未知の世界。初めての時はワクワクして前夜寝られなかったほどである。

その初日、ウサギ狩りはマタギの鍛冶屋である西根稔さんの狩猟組に参加させて頂いた。メンバーは百戦錬磨の強者ぞろい。これほど頼りになる集団はないだろう。そこに一人、でくの坊が加わるが果たしてウサギは獲れるのか？

「田中さんこれ着けて」

渡されたのはかんじきである。かんじきという代物、名前ぐらいは知っていたが着けるのは初めてだ。クロモジの木でできた馬蹄形のかんじきは軽くて丈夫な構造であるが……分からん！　着け方が。マタギに手伝ってもらって何とか雪の上に立ったがまともに歩けないのだ。それもそのはず、足を象に踏みつぶされた感じで二回り程大きくなっている。ここをかなり意識しないと自分で自分の足を踏んで転ぶというかなり情けない思いをするのだ。

〝どでっ、どでっ〟

腹立たしいくらいに転んだ。おまけに根穴を踏み抜き腰付近まで埋もれてしまう。這い上がろうにも周りはふかふかの新雪で手を着けば手が沈み込む始末である。スキーもしたことがない九州出身者にとってこの雪山は未知の領域でかなりの脅威だ。かんじきを着け山中へ足を踏み出すと膝上まで潜り込む新雪にいきなりの悪戦苦闘。5分も登ると体が熱くなり汗が噴き出す。本当にこれは凄い運動量である。

列の先頭は完全な新雪を進むのでかなりつらい。これが5人目辺りだと普通の道と大差ないのだ。だから時々先頭を入れ替えながら登らなければならない。私も何度か先頭に立ったが本当に大変である。場所によっては昨晩の新雪に腰付近まで埋もれるから厳しいラッセル状態だ。そんなつらい状態でも目に浮かぶのはウサギの姿、今日は獲れるかなとそればかり考えている。やはり狩猟の取材では獲物が獲れなければ絵にならないのである。

誰も入らない静寂の空間は実に気持ちがいい。
聞こえるのは自分の足音だけ。目の前の雪景色
の中にウサギが潜んでいる。耳を澄ませ我々の
動きに神経を研ぎ澄ませているに違いない

猟のやり方は一般的な巻き狩りだ。ブッパ（射手）が山の上へ陣取りそこに向かって下から勢子が追い上げる。

〝ほやぁ〜ほやっ〟

〝ほ〜っほっ〟

勢子は移動しながら常に声を上げ続ける。これはウサギを追い出すためと勢子同士の位置確認でもある。勢子の役目は真っすぐにウサギを上方に追うことで、そのためには横一線で移動しなければならない。そうしなければウサギが横に走って逃げてしまうからだ。深い雪の中、複雑な地形の山肌を一定の速度で歩くのはかなり難しいのである。

カメラマンである私はブッパのすぐ後ろに立ち、降りしきる雪の中で静かに待つ。この静寂の時間が心地よい。待つ間にも天気は千変万化、晴れたかと思えばいきなりの吹雪にフードで顔を覆う。しばらくすると微かに勢子の声が聞こえてきた。もうすぐだ、ウサギは現れるのか？

マタギは巻き狩り以外に単独猟（いわゆる忍び）でもウサギを獲っている。厳冬期、打当の鈴木英雄さんにその技を見せて頂いた。この時、一緒に山へ入ったのは相棒のカリちゃんである。カリちゃんは狩りに特に協力するわけではなく、散歩がてらといった感じで楽しく雪の中をついてくる。犬がいるとウサギに気取られるのではないかと心配したが全く問題はなかった。英雄さんもカリちゃんが一緒にいてニコニコして嬉しそう。本当に気心の知れた相棒なのである。

私はいつものかんじきを着けているが、英雄さんはスキーを履いている。スキーで猟に行く姿は初めて見た。

私がかんじきでズボズボ、英雄さんがスキーでサクサク、カリちゃんはスキーの後をテクテク。猟場へ進む何とも面白いメンバーである。

木々が少ない平場から杉林へ入って行く。ウサギは天候によって居場所が変わる。気温が低めで雪が降り続く場合は杉の木の下にじっとしている場合が多い。天気が回復してお日様が顔を出すと活発に動き出すのだ。

薄暗い杉林の中をハアハア登ると英雄さんは辺りを注意深くうかがい、しばらくすると斜面の上を指さした。

「ほら、あそこにウサギがいますよ」

「???　何処????　何処」

「杉の根元の穴に少し灰色が見えるでしょう。あれが耳の内側なんですよ」

「???　何処??」

ブリタニースパニエル系雑種のカリちゃんは小柄で機敏。一緒にキノコ採りにも行ったが元気いっぱいで周りを走り回る可愛い子だった

いくら見ても全く分からない。見えるのは杉林と雪、何処にウサギがいるのだろう？　いやもうそんなことより早く獲ってほしい、そうすればとりあえず今日の仕事は終わるのだ。

〝パンッ〟

発砲音が雪山の静寂を破ると斜面をずるずるとウサギが滑り落ちてくる。いやあ、本当にいたんだ、ウサギが！

カリちゃんも興奮してウサギに跳びつくがそれを抑えるのが大変だった。

その後、再び英雄さんがウサギを見つけて発砲。見事に仕留めたが、回収しようとした時に大量の落雪で辺りが何も見えなくなった。木に着いた雪は一度落ち始めると雪崩を打って襲い掛かってくる。これが結構大変な量なのだ。折角仕留めたウサギは雪の下へ隠され、いくら探しても見つからない。白いウサギに白い雪がどっさりと乗っているのだから当然である。そうか、こういう時のためにカリちゃんがいるんだ。さあ、カリちゃんウサギは何処に？

っとカリちゃんを見ると我関せず、全く仕事をする意思はないようだ。仕方なく英雄さんと二人で雪を掻き分け掻き分け探すがなかなか見つからない。まさか雪の中からウサギを掘り出す羽目になろうとは思わなかったのである。

結局この日は2羽のウサギを手に入れることができた。以前、西根さんから一羽では本当のウサギの味にならないと言われたので、これで安心して山を降りることができる。カリちゃんも猟果に満足したようで意気揚々と歩く。本当に可愛いワンコである。

山形県の田麦俣では鷹匠のウサギ狩りに同行したことがある。この時は森の中ではなく開けた場所での狩りだった。はるか彼方の雪原にポツンと見えるウサギの赤い目が目標で、これも分かりづらかった。三度ほど鷹匠の腕からタカが放たれたが残念ながらウサギは手に入らなかったのである。普段はウサギが獲れると近くの民宿が買い上げてそれをお客さんに鍋で提供していたが、今はそれもやっていない。

タカはウサギを狩るが、その成功率は3割程度らしい。悪天候が続いてウサギが動かないとタカも空腹に陥るだろう。自然は厳しいのである。このタカの狩りに関しては英雄さんが面白い経験をしている。それはウサギ狩りの取材で山を歩いていると、何と天からウサギが降ってきたというではないか。同行者と驚いて見上げると一羽のタカがくるりと輪を描いていた。

「ああ、あいつが落としたんだぁ」

天候が回復してウサギを捕まえたタカが巣に帰る途中で落としてしまったらしい。

深い雪の中で隠れた白ウサギを探す。そして仕留める。
慣れといえばそれまでだが、やはり優れた技術だと思う

打当地区のベテランマタギの鈴木英雄さん。英雄さんの父は〝空気投げのタツ〟として有名な昭和のマタギである。現在そのようなあだ名が付く人はいない

折角の獲物を落としてさぞタカも悔しかっただろう。その時の取材ではウサギが獲れず、タカの落とし物を結局人間が美味しく頂いたそうだ。

消える？ ウサギ食文化

捕まえたノウサギはペットのウサギに比べるとかなり大きく感じる。実際に皮を剝ぐとかなりスリムで筋肉質な体形であることが分かる。肉の量は思ったほど多くはないので一羽では物足りなく感じるだろう。

「一羽では本当のウサギの味にならねえのしゃ」

私の山の師匠である鍛冶屋の故西根稔さんは言っていた。この肉量では一羽では物足りないのだろう。

ウサギ料理の定番はやはり煮物だ。解体したウサギを肉も骨も一緒に煮込むのが最もシンプルにウサギの味を楽しめる。この時に骨と肉を包丁で叩いて団子にしたり変わった所では腸内に残るコロコロの糞を絞り出して煮込む。阿仁地区でも、この糞投入派と拒否派に分かれるから面白い。糞投入派に言わせると、入れることでウサギ料理がより一層ウサギ風味になるらしい。これはウサギが冬場にクロモジの皮を多く食べその香りが糞に交じることも理由の一つのようだ。否定派の意見はもちろん〝糞なんか食えるか！〟である。

打当温泉ではウサギ鍋がメニューにあるが、使われているのは養殖ウサギの肉で食感は鶏肉に近く野性味は全くない。ただ噛みしめていると微かにウサギ香は感じられる。

「ウサギが一番美味いのは本当は春先なのしゃ。木の芽をたくさん食べるから肉質がいいんだ」

以前は杉の新芽を食い荒らすという理由でウサギが春の有害駆除対象だった。今では枠から外れたので一番美味いといわれる時期のウサギを食べることは基本的にできないのである。

子供の遊びや地域の楽しみでもあったウサギ狩りは現在あまり行われていない。もちろん狩猟法の関係もあるが、それ以上にウサギを食べたいという欲求が消滅したからではないだろうか。車で少し走れば何でも手に入るこの時代にあってウサギ肉を求める人が減るのは理解できる。さらに気になるのはウサギそのものの減少だ。雪山に多く見られたウサギの足跡が今はほとんど見えない。地元民もウサギがいなくなったと口をそろえるから個体数の減少は間違いがないだろう。その理由としてはテンやキ

骨ごとぶつ切りにしたウサギを味噌仕立てでいただく。この骨が薄くて非常に硬い。雪上での軽快なフットワークはこの骨があってこそだなぁと感心する

吊るして後ろ脚に切り目を入れると一気に皮を剝ぐ

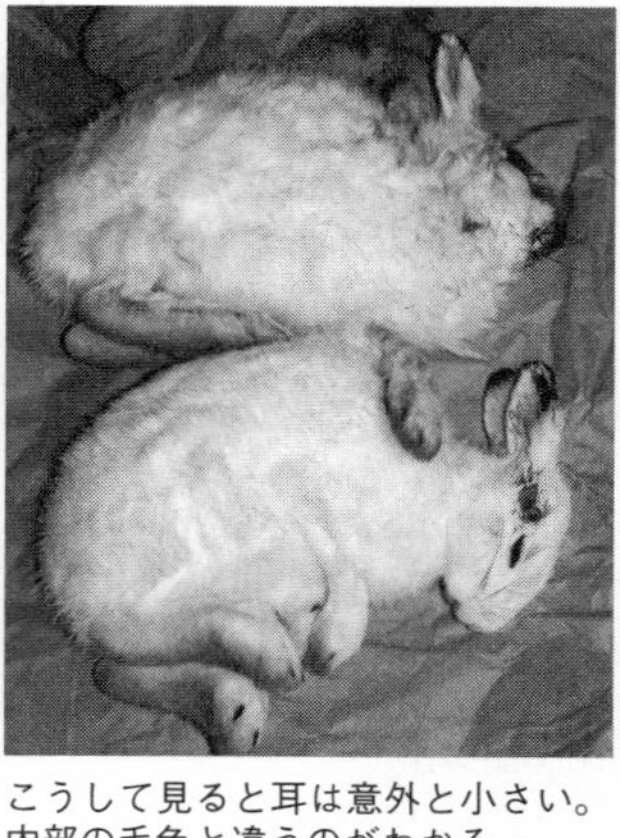

こうして見ると耳は意外と小さい。内部の毛色と違うのがわかる

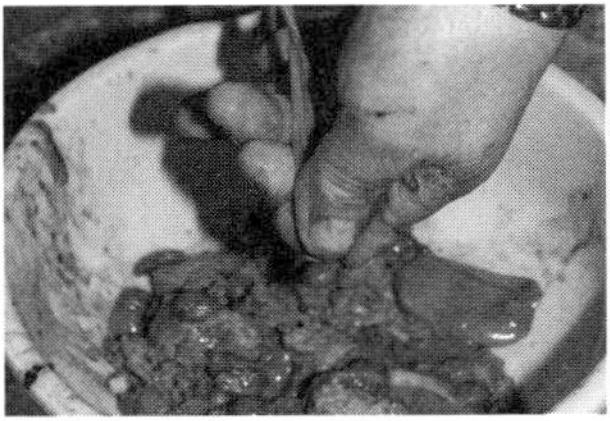
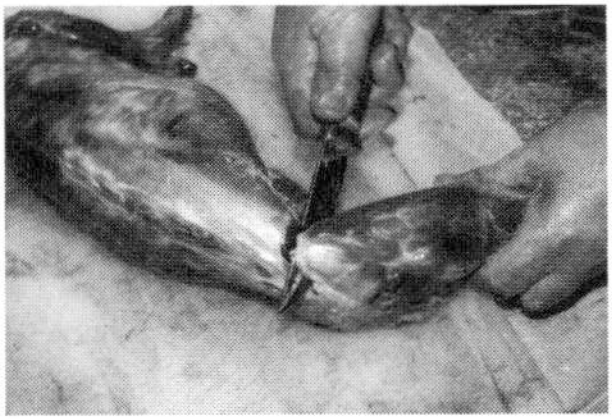

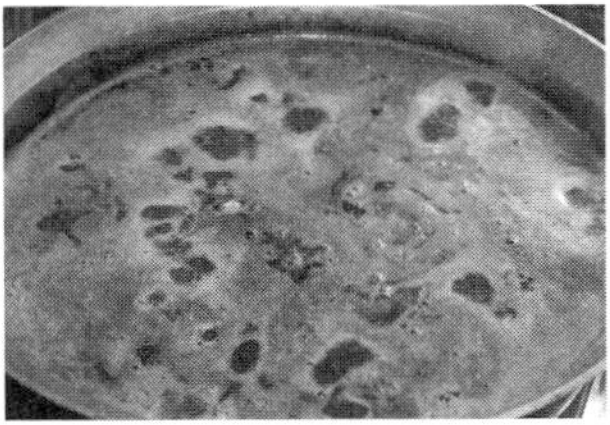
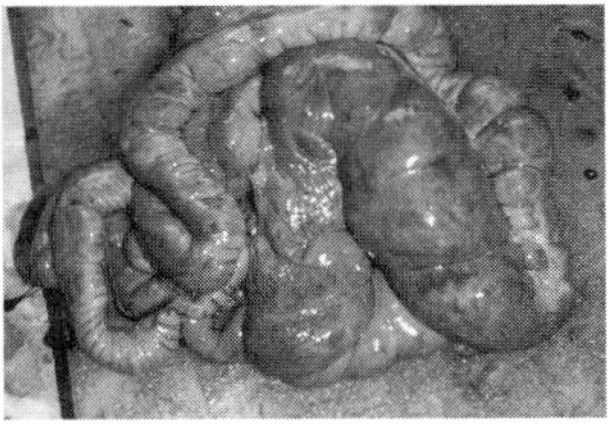

ウサギは全身筋肉といった感じでかなりのマッチョ。噛み応えはあるが難儀するような肉ではない。頭を含めてすべてをぶつ切りにする。骨からも肉からも旨味が出る。腸内に残る糞。肛門に近づくにつれて、見慣れた兎糞（とふん）の形になっていく。糞は入れないが、腸は洗わずにそのまま入れる。ウサギは思った以上にアクがすごい

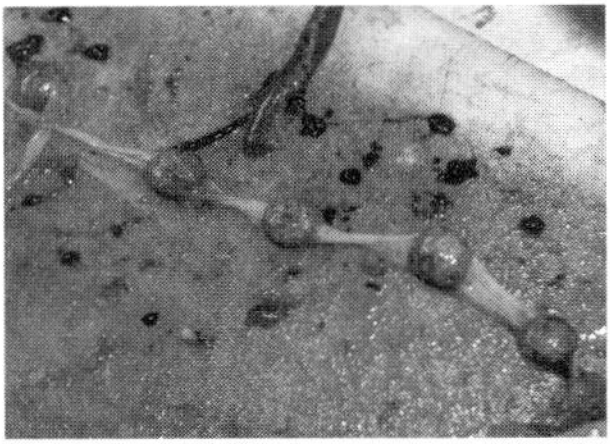

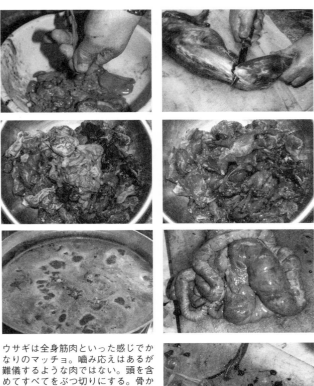

ツネが増えたせいだとか野兎病のせいだとかいわれるが、はっきりとは分からないのである。子供のおやつや給食の材料にと親しまれたウサギ肉だが、今ではクマよりも貴重な食材かもしれない。

厳寒の礼文島のトド猟

礼文島
（北海道礼文郡）

北海道の獣肉

北海道の狩猟獣といえばヒグマを思い浮かべる人も多いだろう。過去には５００kgを超える巨大ヒグマの捕獲例もあり、その脅威は計り知れない。吉村昭氏の『羆嵐』に著された事件は三毛別事件として有名であるが、この時のヒグマは３７０kgの個体であった。このヒグマよりはるかに大きな獲物〝トド〟を追う老猟師が礼文島にいる。

九州出身の私にとって、北海道は縁のない土地である。もちろん取材で知床半島や道東、道央とそれなりに動いてはいるが、なにせ北海道は広い。私は単に点と点の移動をしていたに過ぎなかった。その時にお土産で買ったのがトド肉の缶詰である。購入した当時、確か一缶５００円程度だったと思う。トドの絵が描いてある缶詰は、お世辞にも美味いものではなかった。トド肉は珍しいお土産程度の認識しか持てなかったのである。

北緯45度

礼文島は日本最北端の地、宗谷岬とほぼ同じ北緯45度に位置する。北の最果ての地である。晴れた日にはサハリンが見えるそうだ。東京からは直線距離で1000㎞程度であるが、その割には行きにくい。2000㎞離れた西表島のほうが移動は楽に感じるくらいだ。空路で入るには、稚内までの一日一便の飛行機に乗る必要がある。そこから港まで移動してフェリーに乗るが、飛行機の到着が遅れれば稚内でもう一泊しなければならない。それほどに余裕のない接続なのだ。さらにフェリーで2時間かけて島に入っても、5分後にやってくるバスに乗れないと北部の船泊村に行くことができないのである。結構、はらはらしながらの移動だ。実際に、礼文島に入った前日は悪天候でフェリーが欠航していたのである。冬の海は荒天が続くこともあり、そんな中でのトド猟は一体どうなるのか……実に不安だ。

午前中に家を出て、夕方船泊の民宿に着いた時には辺りはすっかり暗くなっていた。終点のスコトン岬を目指すバスから私が降りると、もう乗客は誰もいない。なんとも寂しい礼文島上陸初日となった。民宿の部屋から、トド撃ち猟師の俵静夫さんに早速

稚内空港着陸直前、眼下には寒々とした光景が。真冬の北海道は初めての体験で、嬉しいよりも怖い

連絡を入れる。

「う〜ん、どうかなあ。波が少し高いから、行くなら朝連絡するから」

現場に辿り着いても、海に出られるかどうかはその時にならないと分からないのである。天気予報ではずっと雪マークが出ているが、船が出せるかどうかは波の高さにかかっているのだ。波高が1・5m程度ならば出猟可能らしいが、こればかりは山の神ならぬ島の神に祈るしかない。

礼文島の夜明けは遅い。午前6時半に窓の外を眺めると、まだ暗いのだ。そういえば昨日、午後5時半に民宿に着いた時にはもう暗かった。昼がずいぶんと短く感じる。それだけ北に位置しているのだろう。窓から見える海は暗くて、波の様子は分からない。そこで俵さんに連絡を入れてみた。

「出られるんじゃあないかねえ。7時半頃に来て」

よかった。今日トドが獲れれば、2泊3日の行程で帰ることができそうだ。

トドはどこに？

俵さんの家は浜中漁港の側にある。一般の家の駐車場のように、俵さんの自宅前には船着き場があって、そこに八龍丸が陸揚げされている。俵さんの愛船だが、思っていたよりはるかに小さい。キャビン部分もない小型船舶である。これで極寒の海に出ていくのか……予想外だ。

出航の準備はすでに済んでいる。私が船に乗り込むと、俵さんが舳先を押して八龍丸がぷかりと漁港内に浮かんだ。雪がちらちらと舞ってはいるが、風はさほど強くはない。船外機のエンジンをかけると、俵さんはスロットルを握って前を向く。背景に見えていた浜中の集落が徐々に離れていく。白く凍りついた岬が左手に見える。これがスコトン岬らしい。だんだんと速度を上げる八龍丸。とても前を向いていられる状

一瞬晴れた時の空の青さは素晴らしい。白くさらさらの雪が反射して輝く。まぶしくて目を開けていられない

フェリーから見た礼文島。完全に外国気分である、この光景は。港には氷の塊がぷかりと浮いている

缶詰状態になった民宿からの眺め。まさか、朝から晩までここから空を眺めるとは、思いも寄らなかった

海から吹き寄せる風の冷たさは、想像を遥かに超えた。体の芯まで染み込む、まるで逆遠赤外線効果だ

態ではないから、私は寝そべったまま周りの景色を眺めていた。ときどき船が波に当たってドンっと突き上げられるが、それが結構なショックなのだ。背中や尻をまるで蹴飛ばされているようである。見上げる空は鉛色で、海の色は濃い群青色、なんとも重い風景が周り中を包んでいる。最低気温はマイナス8度だが、隠れるもののない船の上は容赦なく風が突き当たり、体感温度がかなり低い。

スコトン岬が離れると、今度は島が現れた。その名もトド島という、周囲4㎞程度の島である。非常に寒々しい光景だが、以前はここに人が住んでいた。目の前で船を操る俵さんも、実はこの島の住人だったのである。そのトド島に船を寄せると、俵さんが写真を撮り始めた。

「これは証拠写真さ」

トド駆除の補助金申請に必要な書類に添付するための写真らしい。止まった船の上から辺りを見回していると、波間になにやら顔が見える。

「ああ、あれはアザラシ」

トドではないのか、残念である。しかし結構可愛らしいクリクリの目でこちらを見ている。まるでモグラ叩きのようにあっちにぷかり、こっちにぷかりと頭を出す。このアザラシも実はかなりの漁業被害をもたらしている厄介者なのだ。

トド島を離れると、平島や種島と呼ばれる沖の岩礁地帯へ向かう。だんだんと小さくなるトド島、そして背景のスコトン岬も、降り出した雪のせいで見えなくなった。

「ここは一体どこなんだろう？　なんで私はこんな所にいるんだろう？」

灰色の空と冷たい海に挟まれ、見えるのは波ばかりだ。もしもここで海に落ちれば、おそらく5分ともたないし、誰からも発見されることはないだろう。

「あれが種島、昔はたくさんトドがいたんだ」

目の前に見える岩礁が、その昔トドが群れをなしていた場所である。30年程前の写真では、大きな雄を中心に数十頭がハーレムを形成している様子が写っている。現在そのような姿は見られないし、岩礁に上がるトドもほとんど居ないらしい。ああ、ではトドはどこにいるのだろう。鉛色の空を見上げながら気分が沈み込んでいく……なぜ私はここにいるんだろう。

追撃戦

種島よりもさらに沖へ出る。周辺には暗礁地帯があって、そこの浅瀬をソリと呼ぶ。

「沖のソリにはおるかもしれん。この前も何頭かは入っとった」

俵さんは船外機のスロットルを握ると、再び沖を目指して進む。どんどんと陸から離れていく感覚は実に心細い。

「ここが沖のソリ」

エンジンが停止して、船はローリングとピッチングに揉まれながら流される。

「いないなあ」

俵さんは周りを見渡しながら煙草に火を付けた。

「ほら、底が見えるでしょ。浅いんだよ、３ｍくらいしかないから、ここは」

３ｍか、やっぱり落ちたら助からないだろう。

「もしここで落ちたら誰も助けに来ませんよね」

「ああ？　周りに人はおらんからなあ。漁師は落ちたら死ぬ時よ」

納得である。

俵さんが急にエンジンを掛けた。明らかに先ほどとは目つきが違っている。じっと見つめるその先に何かが居たのは間違いない。

〝バルルルルゥ〟

船は大きく回転すると、種島のほうへと戻り始める。船縁から頭を上げて目を凝らすと、波間に黒い小さな三角形が見える。さきほどのアザラシと変わらないシルエットだが……。

「トドですか?」

「トド、トド。こないだからいる奴だ」

あれが探し求めるトドか。しかし、大きさどころか、その形さえよく分からない。見える部分が実に小さいのだ。そしてその小さな黒い影は、船が近づくと波間にすっと姿を消す。俵さんはエンジンを再び止めて辺りを見渡す。どこに居るのだろう。揺れる船の上で私も懸命に探すが、360度見渡すのは容易ではない。

居た!

エンジン始動、トドに近づく、トドが消える、エンジン停止、探す、見える、エンジン始動、追う、潜る、エンジン停止、探す……これを数回繰り返しながら撃つチャンスを狙う。岩礁の西側に回った時、俵さんはついに銃を取り出した。そして、ここから驚くような追撃戦が始まった。

〝バルルルルルゥ〟

北に頭を出したトドへ向けて船は走る。俵さんは右手に銃、左手にスロットルレバーを握り、操船しながらの追撃なのだ。それも立ったまま。私は座っているからカメラも構えられるが、立てば恐らく海の藻屑だ。銃を片手に波間を突っ走るなんて、

浜中の集落は、礼文島最北の集落でもある。漁港までは民宿から歩いて15分、これがまた寒い旅路である

八龍丸には、ハイパワーの船外機が2機備えてある。これでトドを追いつめるのだ。しかし静かな港である

鉛色の空の下で出猟の準備をする俵さん。足元から寒さがこみ上げてきて、体の動きがそれだけで阻害されるようだ

決して軽くはない船を、エイッと港へ押し出す。これだけ見ても78歳にはまったく感じられない

あまりにワイルドで驚嘆する。これではまるで『駅馬車』のジョン・ウェインではないか。

「この爺ちゃんはただ者じゃない!!」

銃を手にしたまま船を操る俵さんが、スロットルから手を放す。揺れる船の上で構えた銃が火を噴いた。

〝ダンッ〟

山の中で聞く発砲音とはかなり違う。反射がまったくないせいなのか、叩くような音である。俵さんは銃をしまうと、また追撃態勢に入った。どうやら当たらなかったらしい。

しばらく先ほどと同じような状態が続く。そして再び銃を構えた俵さんは、なぜか発砲を止めて銃をしまった。

「ああ、駄目だぁ。雪でスコープがぐしゃぐしゃでよ、見えないなあ」

雪がスコープの前面に付着して、視界が遮られるのだ。ワイパーでも付いていればなあ。

結局、この後は猟を切り上げて浜中へと戻った。時間にすれば1時間程度で、あっけない猟である。

「3発撃っても当たらない時は獲れない時だから俺は帰るんだよ。今日は雪で駄目だったけどな」

基本的に、トド猟は午前中の猟である。条件が思ったより悪ければ早めに切り上げて帰るし、獲れそうならば昼までは走り回る。今日は視界が悪くて当たらないと判断したようだ。

礼文島をさすらう

九州出身の私からすれば、この極寒の島は脅威的ですらある。なぜここに人が住めるのかが不思議に感じるくらいだ。しかし、礼文島には古代から多くの人々が暮らしてきた。浜中の集落がある船泊村には縄文時代の遺跡があり、その出土品が古代の繁栄ぶりを物語る。さまざまな土器や石器、そして保存状態のいい人骨には、翡翠や貝を使った装飾品が添えられている。この翡翠は新潟県の糸魚川産である。さらに驚くことには、北海道にはいないイノシシの牙を使った細工物も見つかっている。これらは本州から日本海を回り、礼文島、そしてさらなる北方であるサハリンを経由してロシア内陸部までの交流があった証である。礼文島はこの海の交易路における重要な中継地点であったのだろう。多くの出土品に混じって、海獣類（トド、アザラシ、アシカ）の骨も交じっている。これは縄文の昔から、目の前の海にいる海獣類が貴重な食料だった証拠なのだ。

現在の礼文島は人口2800人で、豊富な漁業資源と夏場の観光が主な産業である。特に観光は、〝花の礼文〟といわれるほどに自然が美しい場所として認知されている。フェリー乗り場に貼ってあるポスターは、抜けるような青空とレブンアツモリソウ等の草花が咲き乱れる楽園の風景が眩いばかりだ。しかし、今は重くたれ込めた雪雲とときおり荒々しく吹き付ける風。どこにも楽園的要素はない。民宿から唯一コーヒーが飲める喫茶店を目指して船泊の集落へと30分ほど歩いた時も、人の姿はどこにもなかった。思わず演歌が口を突いて出るくらいの寂しさだったのである。

翌日は朝から強風の雪模様だ。もちろん出猟は無理。そうなると民宿に缶詰状態である。車でもあればいろいろ回れるのだろう。しかし、そんな足もない。おまけにパソコンもないから仕事もできず、ほかに何もすることがない。布団に寝転がって、分厚い雲に覆われた空を見上げるばかりである。しかしここの天気は変わりやすい。雪が降ったかと思えば、一瞬青空が顔を出す。そして5分後には猛吹雪、まさに千変万化だ。

あまりに暇なので、わざわざバスで1時間かけて香深まで行き、温泉に入った。冷え切った体には、やはり温泉が一番だ。時間もつぶせて一石二鳥である。ただし、バス代込みで2700円ほど掛かるのだが……。

行き帰りのバスから眺める景色は凄まじいものがある。テトラポッドは波しぶきが凍りつき、堤防の上にある航路標識は、まるで溶けたろうそくのようだ。これほど寒々しい海へと出る漁師たちは尊敬に値する。

大寒のトド撃ち

結局、翌日も猟には出られず、暇な一日を過ごした。日に何度も天気予報を確認するが、これがコロコロと変わるネコの目天気予報で、さっぱり状況が分からない。島の天気は、山の天気よりも変化が激しい。夕方の段階で翌朝は晴れマークが出ている。そこで俵さんに連絡を入れる。

「うーん、行けるかもしれないねえ」

こんな気のない返事であるが、行かなければ話が始まらない。少々条件が悪くてもやる決心で床についた。

漁港を出ると、一気にスピードを上げて沖に向かう。風が体に食い込むのが分かる。これは寒さというより、痛みである

うねりに翻弄され、まるで私の人生のよう……などといっている場合ではない。どこにいるトド！　顔を出せ!!

岩礁近辺を探す俵さん。昔は探す苦労などなかったくらいトドがいたのだから、これは喜ぶべきことなのかも

そして翌朝。

「なんだよ！　天気予報の嘘つきめ!!」

雪が降り続く凍てついた道を、浜中の港へと歩きながら悪態が口を突く。どこが晴れだ、まったく。ビュービュー強風も吹いているし、前回よりも条件は悪いのではないだろうか。というより船が出せるのか、そちらのほうが心配でしょうがない。

「おはようございます」

港に着くと、俵さんは船の準備をしていた。

「ああ、寒いから家に入って」

家の前で待っていると、しばらくして俵さんが戻ってきた。ちょうど雪が強く降り出し、二人して家に入るとしばらく様子を見ることにした。

「あの雪雲が抜けたら大丈夫だと思うよ」

目の前の船泊湾の左手に見えるスコトン岬は、分厚い雲の下にあった。目指す猟場は、あの岬のはるか先なのだ。海の話を聞きながら20分ほど過ごすと、空が少し明るくなってきた。

「今日は別に早く帰る必要もありませんから、じっくりやりましょう」

天気予報を見る限り、粘っても次に海に出られる日がいつくるかは分からない。やれるときにやるべきだという思いが、つい口に出たようだ。

八龍丸はゆっくり滑り出す。一度行ったから方向は分かっているし、雪もやんで景色もよく見える。これはいい条件かと思ったのも束の間だった。

〝ドドンッ〟

ふわっと浮き上がった船は次の瞬間、波間に叩き付けられた。

〝ぐおぅっ〟

船板に、背中から思い切りフリーフォールである。思わず声が出た。波が前回よりもはるかに大きいのだ。数秒に一回、このフリーフォールがやってくる。何度も背中と腰を嫌というほどに打ち付ける。そのたびに声とぐちが出る。

「なんだ、これは！　聞いてないよ、こんなの」

あまりに背中への衝撃が大きくなってきたので横を向いて体を支えるようにしたが、これもまたひどい状態だった。左の腰から太股にかけて、まるでムエタイ選手のローキックを食らっているかのような衝撃が襲う（もちろんそんなローキックなど食らった経験はないが）。結局、どちらを向いてもこの攻撃から逃れる術はないのだ。

この攻撃に耐えながら、平島を旋回してトドの姿を探す。ぐるっと回って種島へ向かい、さらに沖のソリへと船を進める。沖のソリで船を止めて一服するが、とにかく

風が止めば、さほど寒さは感じない。最低気温がマイナス8度ほどであるから、猛烈な寒気ではないはずだが

トドを探してタタキ島へ上陸。しかし寒さのために、私は足が固まって思うように動けないのである

このコンパスがなければ吹雪の中で帰港もままならない。レーダーもGPSもない船にとっては命でもある

かつて俵さんも住んでいたトド島。今は無人島であるが、湧き水もあって、生活は可能であるらしい……が、私は無理

トドの姿を見つけてライフルを取り出す。臨戦態勢のまま
スロットルを握ると、追撃を始める脅威の78歳

頭しか見えないトドは、ここかと思えば、またあちらへ
と逃げ回る。水面下と船上での駆け引きが延々と続く

波に揺られながらトドを追い、そして狙いを付ける。非常に難しい射撃である。カメラのファインダーを覗くだけでも、その揺れの大きさが分かる。望遠スコープなら揺れも増幅される

波が高い。聞けば波高は2mくらいだという。押し寄せる波は、船縁より高い位置から どんと体当たりしてくる。その力はかなりの威力だ。沖のソリから再び種島へ戻り、周りを探し、またまた平島へ。行ったり来たりしながら、波に揉まれつつ見上げる空は、澄み渡り美しかった。

何度も船を止め、波に翻弄されながらトドを探す。しかし今日はまったく姿が見えない。繰り返し岩礁と暗礁を往復していると、俵さんの目つきが変わった。

〝バルルルルゥッ〟

一気に速度を上げる船、その先にはトドの姿が見えた。おそらく前回の群れだろう。4頭のトドは、船が近づくとすっと消える。そこで船を止めて様子をうかがう。ポカリと頭を出したトドをまた追う。なにせ波間からわずかに頭を出したところを狙うのだから、射撃の困難さは極めつけだろう。おまけに、立つのも大変なほどの大波の上にいるのだ。

〝ダンッ〟

大きく揺れる船の上から発砲。トドはびっくりしたような顔つきで瞬時に海中に消えた。そして追撃が始まる。種島、平島、沖のソリと逃げ回るトドの動きを読んで船を進める俵さんは、海の中まですべてお見通しといった感じだ。必ずその姿を見つけ出すが、いかんせん条件が悪い。結局2時間ほど追跡したが、トドを仕留めることができなかった。

「今年はトドが少ないんだ。魚がそもそもいないのさ」

島にあふれんばかりいたトドも、最近はめっきり姿が見えない。例年ならばソリには複数の群れが入っているから、さほど追い回さなくとも仕留めることができた。それが、今年はこの少数の一群れだけなのである。トドの少なさは回遊してくる魚の量に比例しているようで、本来ならば今が最盛期であるタラも、その姿が見当たらない。餌となる魚がいないから、トドも数が少ないのだ。しかし、漁業被害の甚大さは変わらないようで、俵さんのようなトド撃ちの専門猟師の出番がなくなることはない。

トドを食す

大波の中を4時間走り回り、結局トドは獲れなかった。計7頭のトドがいたが、どれもこれも可愛い顔をして逃げ回り、波間から人を馬鹿にしたようにアカンベーをする……ように見えた。まあ、獲れないのも猟であり、それは仕方ない。

港に着いて船を下りたが、船板ローキックの威力は凄まじいものがあり、足を引き

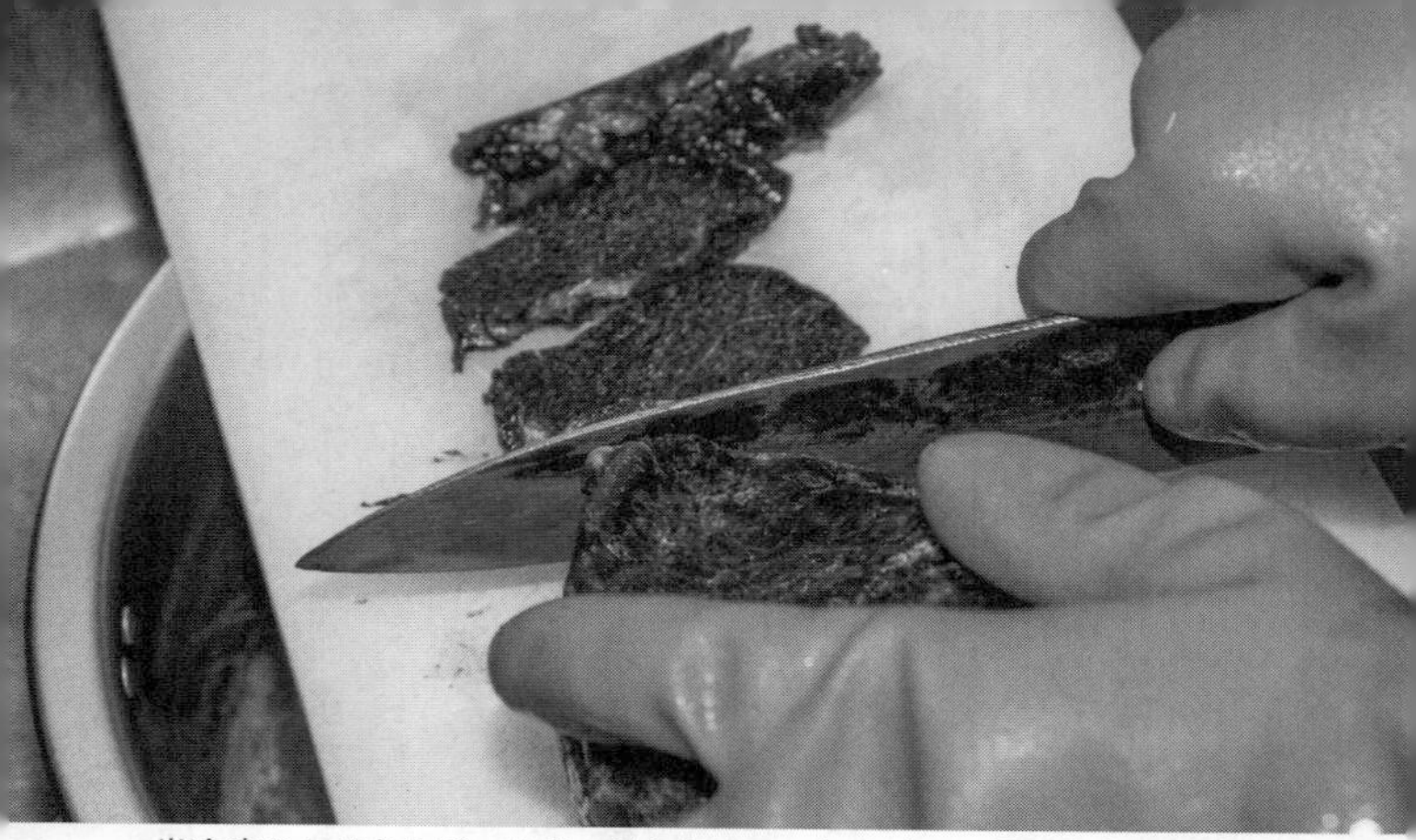

半冷凍のトド肉をジャリジャリと切る。これは確かに男の仕事かもしれない。赤を通り越してどす黒い肉片である

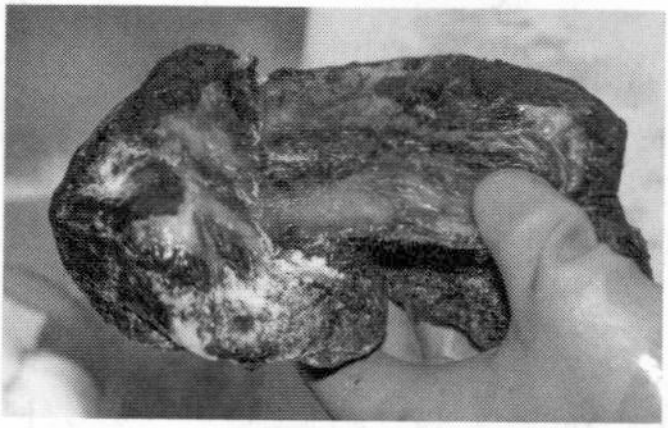

凍ったトドの赤身部分。ここは、生ではふにゃふにゃで包丁で切ることができないらしい

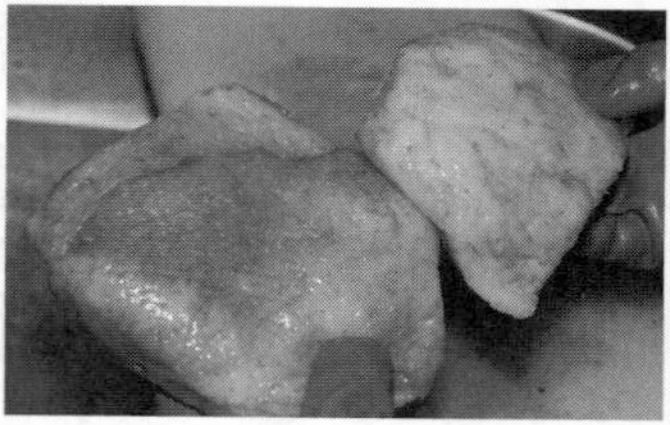

脂身部分で、これが入ることで初めてトドの味になるという

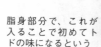

一旦湯がき、湯を捨てるとシカ肉のような感じになった。特に臭みは感じないし、そのままで美味しく食べられそうである

水を入れるだけで、これだけ赤くなる。いかに血の気が多いかが分かるだろう。トド特有の臭みの原因か？

ずりながらの上陸となった。そして痛みは、この後さらに2週間以上続いたのである。

夕方、再び俵さんの家へと向かった。トド肉料理を食べるためである。このトド肉は二週間ほど前に仕留めた雌で、肉が冷凍してあった。

「トドの肉は、獲ってすぐには切れないんだよ、ふにゃふにゃして。一回冷凍するほうが切れるんだよな」

つまり、今日獲れてもその日は食べられないものらしい。一晩港に浸けたままで置いておき、翌日の夜、または冷凍して後日に食べるというのだ。しかし、あの荒波の中でトドを仕留めたら一体どうなったのだろう。

「ほとんどは沈んでしまうから、それを探すのさ。でも何頭かはそのまま海没だな」

海没とは、文字通り沈んだままになることだ。海からどうやって仕留めたトドを探すのかも、トド撃ち猟師の技術である。弾が命中したトドは、ガバガバと空気と血を吐きながら沈んでいく。そこへ目印のブイを投げ入れて、しばらく体憩する。血で濁った水が澄むのを待つのだ。頃合いを見計らって、箱メガネで海中を探索する。海底にトドの姿を確認すれば、フックの付いたロープを下ろして引っ掛けて上げるのだ。海中の潮の流れや深みといった障害をクリアして、トドをみごと引き上げれば、水中に吊り下げたままでロープに縛り、港へと曳航する。これはやはりワイルド!! 完全に現代に生きる北の〝老人と海〟ではないか。見たかったなあ。

まあ、ないものねだりをしてもしょうがない。痛む足をさすりながら、猟師のトド料理を見せてもらうことにした。俵さんが取り出したトド肉はまだ凍っている状態。それを包丁でスライスするが、これはルイベである。

「トド料理は男の仕事だなあ。しばれた肉を切るのは女の人には大変だからなあ。親父もそうだったよ。婆さんはやらんかったな」

赤身というより、はるかにどす黒いトド肉を切って鍋に入れると、今度は脂身を切り始めた。

「トドは、この脂身を入れないとトドの味にならないのよ」

真っ白な脂身は、クジラのベーコンのようでもある。この脂身が美味しくて、食べ過ぎると下痢をするそうだ。クマやクジラも、脂身の食べ過ぎは禁物である。

「アザラシの脂身は、少し食べただけでもおなかピーだよ。肉か？　あれは血臭くてだめだな」

鍋に入れられたトド肉は、一旦湯がいてからザルに上げる。真っ赤な湯が捨てられると、さきほどとは違って綺麗な色のトド肉が姿を現した。それをさらに流水で丁寧に洗うのであるが、これと同じ方法を阿仁で見たことがある。クマ肉を同じように処

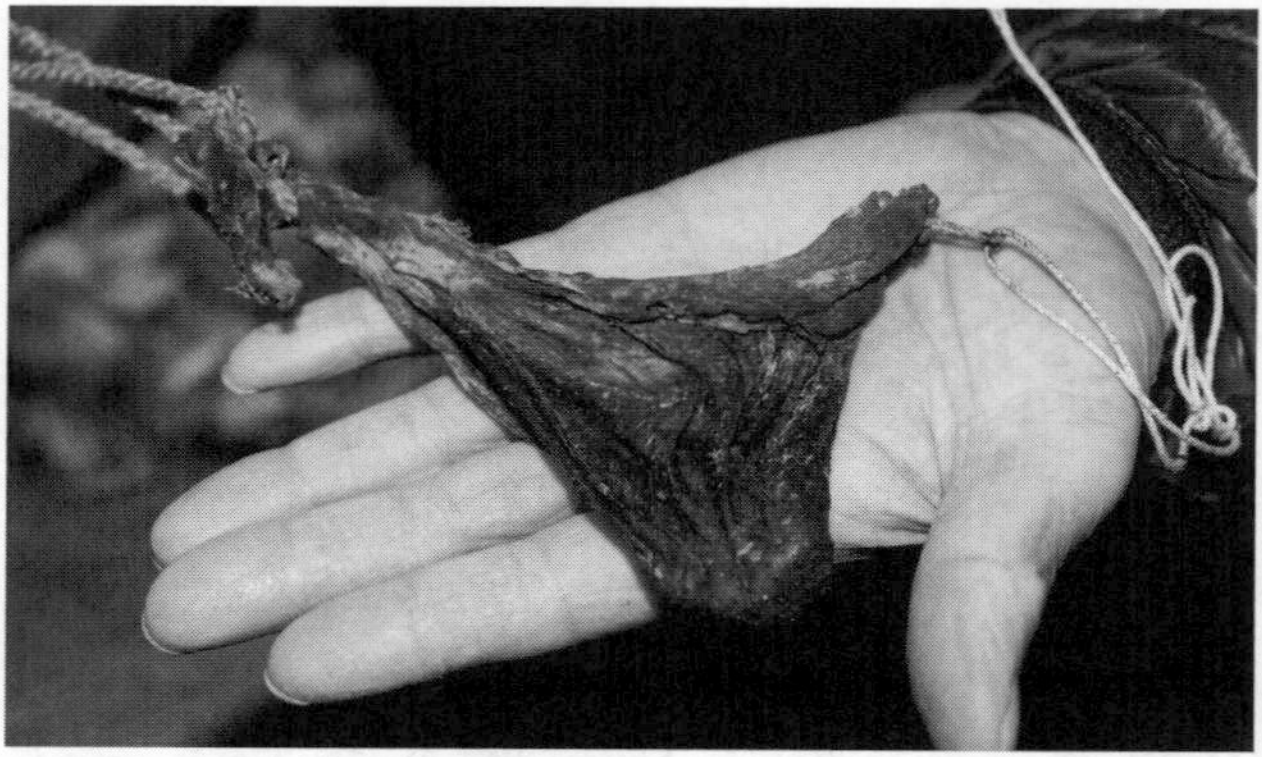

これがトドの胆。大変珍しいものである。冬眠をしないから胆汁はたまらないが、さすがに大きなものである

理することで味が格段によくなるのだ。ただ、これは個人的嗜好でもある。トド肉の場合も、どす黒いままのほうが本当のトドの味がするといって好む人もいるらしい。

すっかり血が抜けたトド肉は、シカ肉のようでもある。再び鍋を熱して油を少量引くと、そこへトド肉を入れて軽く炒める。酒、味噌、砂糖で味を付けると、ジャガイモとタマネギを加えて炒める。さらにそこへゴボウ、そして最後にキャベツをたっぷりと入れれば、後は30分ほど煮込むだけだ。ジャガイモとタマネギまではカレーみたいだと感じたが、そこへゴボウとキャベツが加わるとは予想もしなかった。

「んだ、昔はよくカレーにもしたよ。いや、礼文島の人は本当にトド肉が好きなんだあ。今でも注文くるけど、獲れないとどうしようもないんだあ」

現在はなんでもそろう島の生活だが、昔は肉らしい肉といえばトド肉くらいしかなかった。その貴重なトド肉が、礼文の人たちのアイデンティティーの一部であることは間違いがない。

そんな貴重な食文化であるトド肉料理、では頂きます。うん、これは見た目がクマ肉に似ているが、味はまったく違う。あえて例えればクジラに近いが、やはり独特の風味である。昔食べたトド肉の缶詰と違い、はるかに美味しい。脂身もクジラに近いが、噛みしめると甘みがあって違いが際立つ。長時間煮込んだ訳でもないのに、肉は意外と柔らかい。ちょうどよい歯応えだ。なにより嬉しいのは、野菜との組み合わせである。キャベツにタマネギ、ゴボウ……あれ？　ジャガイモが見当たらない。

「溶けたジャガイモがトド肉に絡んで、なんともいえない味になるんだ。これが美味いのよ」

そうか、この全体的にとろみのような粉っぽい口当たりは、煮崩れたジャガイモが原因だったのか。はあ、この寒い時期にでんぷんが全体を包み込むと、なんともいえず温かい。しばれる島に命を吹き込む猟師のトド肉料理は、冷たい海からの贈りもの

礼文島特製、漁師のトド鍋の材料。トド肉とキャベツ、タマネギ、ゴボウ、ジャガイモ入り。なかでも、山盛りのキャベツがすごく意外で、面白い

煮込みが完了して蓋を開ければ、おお！　野菜とトドが融和しているではないか。やっぱり肉と野菜は相性がいいのだ

トドを見つけると、俵さんの目は一瞬笑うのである。帰って本人に確認すると、そのような意識はないようである

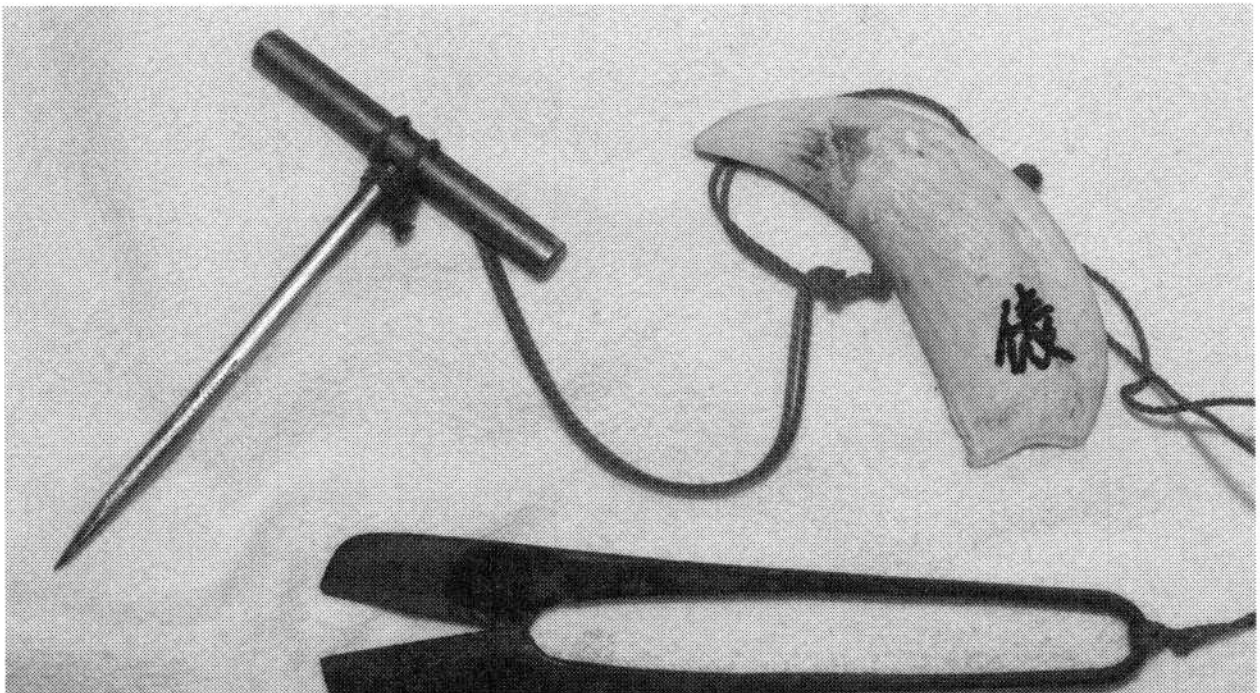

トドの牙でつくった根付け的なもの。これは漁師が網を補修する時に使う道具で、帯ならぬベルトに挟む

なのである。

漁師と猟師

トドは、海のギャングという名称が付けられている。1日に40kgの魚を捕食するトドは、漁民の敵として位置付けられている。1967年には、自衛隊が新冠町でトドのいる島に大砲撃を加える作戦まで行われているくらいだ。このように長年続く有害駆除で、トドそのものの数は激減しているそうだ。しかし、それにもかかわらず漁業被害はまったく減っていない。

「魚が獲れなくなってるんだ。今は魚探だとかGPSだとかあってな、それに漁具がよくなってるから、たくさん獲り過ぎなんだと思うよ」

俵さんが思うに、乱獲が原因で魚が減っているというのだ。少なくなった魚は、トドの餌でもある。そこで、トドは刺し網に掛かった魚を狙って襲いかかる。網ごと食い破って捕食するのだ。これが漁師にとっては大変な痛手で、さらにトドに対する憎悪が募る。

礼文島の漁師で、狩猟免許を持ってトドを撃つ人は20人ほどいるが、俵さんのように回収までする専門は浜中では二人しかいない。あとは網を守るためにトドを撃つのである。

「俺もなあ、補助金が出る範囲を超えてまで海に出る必要はないのよ。でもなあ、漁師の困ってる顔見たら、そういう訳にもいかねんだ」

冬場はトド撃ち専門の俵さんも、それ以外の期間はウニや昆布、ワカメ等を取る漁師でもある。同じ漁師として助けたい気持ちが、当然人一倍強く働くのだ。

「俺は9人兄弟の長男でなあ、赤ん坊おぶって学校さいったもんだよ。そのころから船に乗って魚を釣ったりしたなあ。ここで生きてこられたのはこの海があったからだな。海のおかげだよ」

海のおかげか。今は極寒の風景が広がるが、桜の花が咲くころにはきっと暖かな優しい海が顔を出すのだろう。

俵静夫、78歳。一冬に30頭のトドを仕留めるベテラン猟師で、海で生きる漁師である。彼の跡を継ぐ者はいない。

※追記

俵さんが2014年1月に海に出られたのは、結局取材したこの2回だけだったそうだ。２月に入るとトドは徐々に南下して礼文島からいなくなるから、今期はかなり難しい条件だったらしい。またの機会があれば、今度はトドが獲れるところを見たいものだ。

おわりに　肉食の旅を終えて

　毎度のことながら、狩猟関係の取材は楽ではない。まず、猟期に取材が限定される時間的制約がある。その限られた時間で協力をしてくださる猟師の人と都合を合わせるのだが、ギリギリまで予定が立てられない。天候次第で猟のスケジュールが変わるからである。そして最大の問題は、結局のところ獲物が獲れるか獲れないかが、行ってみないと分からないということなのだ。ここまで不確定な要素が多いと、遠方で複数箇所取材を計画するのはかなり無謀な試みだともいえる。特に今回の取材範囲は西表島から礼文島までの３０００㎞に及び、近場がまったくないのだ。我ながら馬鹿げた範囲を取材したものだと、いまさらながらに感じるのである。

　野生獣の肉は、一般には馴染みの薄い食材だろう。だから、私が狩猟関係の取材を多くしていると話すと、次のような質問をよくされる。

「クマの肉はどんな味がするんですか？　イノシシは臭いんでしょ？」

　どんな味かを伝えるのはかなり難しい。おそらく、質問者も豚肉の味を説明しろといわれたらできないだろう。肉質も雌雄、年齢、季節、環境等でまったく違うし、猟師の捌く技量にも大きく左右される。つまり、美味いもまずいも硬いも軟らかいも一定していないのが野生獣なのだ。それに比べると、スーパーで手に入る肉の質は一年中安定している。どれもが同じ味で、可もなく不可もなく食べられる。本来こちらのほうが不自然極まりない話なのである。

今回、最も印象深かったのは礼文島の取材だ。真冬、それも大寒の日にわざわざ極寒の島で小船に乗ってトドを追うとは……文字通り骨身に染みる取材であった。78歳の俵さんには深く感謝する。西表島の高田さん、仲新城さん、八重山地区猟友会の安田さん、高知県の長野さん、椎葉村の尾前さん、大分県の大久保さん、江藤さん、RYUOの矢野さん、貴重な時間を取材にご協力いただいたことを深く感謝する次第だ。そして、多くの情報を寄せていただいた各地の猟師の方々にも謝意を述べたい。これからも安全第一で猟をされることを祈念する次第である。

2014年3月　田中康弘

文庫版あとがき

阿仁マタギから始まった狩猟取材はすでに30年以上に及んでいる。この間、日本各地の猟場を巡り、実に多くの猟師たちのお世話になった。彼らと共に歩き、探し、凍え、喜び、落胆し、そして何より多くの肉を食べてきたのである。しかし肉が好きでたまらないとか珍しい肉を食べてみたいという欲求は私には全くない。興味の対象は肉ではなく、それを自らの力で得てそして食べる人たちにあるのだ。

石器時代からこの日本列島で絶えることなく続いてきた狩猟行為は多くの人の命を繫ぎまた地域の結束材料となった。それが飽食の時代にどのような意味を成すのか？　汗と泥と血にまみれて手に入れる肉の価値は如何程なのか？　実際の現場でじっくりと考えたかったのである。

現場取材と同時に昔話もたくさん聞いた。学校の行き帰りに罠を仕掛けて鳥やウサギを獲ったり、学校の裏山で生徒たちがウサギ猟をして、それが給食の材料になった話など村史には載らない貴重な記録ではないだろうか。今でこそ狩猟は特別な行為だが、以前は子供にとっても日常だったのである。獲物を得るために観察して工夫して行動する。その結果得られた肉は腹を満たす以上に喜びをもたらした。喜び、そう、その地で生きるための重要な要素が喜びなのである。肉と喜びは同一だったといっても過言ではないだろう。

この30年間で猟場は、いや日本の自然環境は様変わりした。当初はその姿がほとんど見られなかった地域にシカやイノシシが激増し、あれほどいたウサギはいなくなった。積雪量は減り、豪雨が増えて山が荒れた。ベテラン猟師たちがいなくなり狩猟組の維持も難しい地域が増えた。一方では若手や女性の参入者が増えて活気あふれる猟場もある。狩猟に関するこの社会や環境の激しい変化には戸惑うばかりだ。

阿仁マタギの伝統猟である春グマ猟は数年実施できなかった。理由は小雪傾向と温暖化である。少ない山の雪が溶けだすスピードが速すぎるのだ。春先だというのに木々も芽吹き、まるで初夏の様相を呈する森ではクマの姿を捕捉して撃ち獲ることができない。マタギの数が減れば、いずれ伝統猟はできなくなるといわれていたが、まさか温暖化が原因になるとは全く想像すらしていなかったのである。

30年はほぼ一世代、まさに世代交代の期間でもある。その30年を見続けられたことは幸いであり、何より喜びであった。喜びがあればこそ取材が続く。もう少し頑張ってみるかなあ。

2023年4月10日　田中康弘

初出一覧

・南の島のカマイ　『日本人は、どんな肉を喰ってきたのか?』（２０１４年、枻出版社）
・秘境の村のイノシシ猟　『日本人は、どんな肉を喰ってきたのか?』（２０１４年、枻出版社）
・山中のシカ肉のレストラン　『日本人は、どんな肉を喰ってきたのか?』（２０１４年、枻出版社）
・貉と呼ばれるタヌキ・アナグマ　『日本人は、どんな肉を喰ってきたのか?』（２０１４年、枻出版社）
・畑荒らしのハクビシン　『日本人は、どんな肉を喰ってきたのか?』（２０１４年、枻出版社）
・北陸のカモ撃ち　「鳥猟はマラソンである」『狩猟生活』２０１８VOL3（地球丸）、「安本日奈子　狐里庵に詰まった獲物に捧ぐ思いと山からの恵み」『女猟師』（２０１１年、枻出版社）
・箱罠で肉を獲る　「シシは俺たちに任せろ!」『狩猟生活』２０１７VOL2（地球丸）、「猪ゲルゲ——謎のたこ焼き屋」『狩猟生活』２０１８VOL4（地球丸）
・シカの内ロースにやられる　「チームプレーでシカを獲る」『狩猟生活』２０１７VOL１（地球丸）、「渡辺亜子　畑を荒らす害獣も極上の獲物として農閑期の楽しみとなる」『女猟師』（２０１１年、枻出版社）
・肉も喰うけどモツも喰う　「モツにはじまりモツに終わる」『狩猟生活』２０２１VOL9（山と溪谷社）
・ツキノワグマの狩りと食　「クマ肉と食文化」「ハンターが語るツキノワグマ観」『狩猟生活』２０２２VOL11（山と溪谷社）
・ウサギは何処へ行った?　『狩猟生活』２０２３VOL13（山と溪谷社）
・厳寒の礼文島のトド猟　『日本人は、どんな肉を喰ってきたのか?』（２０１４年、枻出版社）

＊ただし、すべての原稿には、初出原稿に大幅な修正と加筆が行われています。

田中康弘（たなか・やすひろ）

１９５９年、長崎県佐世保市生まれ。島根大学農学部林学科、日本写真学園を経てフリーカメラマンに。主な著書に『山怪』『山怪　弐』『山怪　参』『山怪　朱』『完本　マタギ　矛盾なき労働と食文化』『鍛冶屋　炎の仕事人』（いずれも山と溪谷社）、『シカ・イノシシ利用大全』（農文協）、『ニッポンの肉食（ちくまプリマー新書）』（筑摩書房）など多数

＊記述内容は当時のもので、現在とは異なる場合があります。
＊野生鳥獣肉には人畜共通の各種ウイルスや寄生虫、細菌などを保有し、加熱不十分で食べると食中毒を引き起こすおそれがあります。野生鳥獣肉の生食に関する記述がありますが、ご自身で食す場合は必ず中心部まで確実な加熱をお願いします。
＊用字用語に関しては、原文の趣を損なわぬように配慮し、読みやすいように表現をかえた部分があります。

カバーデザイン　尾崎行欧、本多亜実（尾崎行欧デザイン事務所）
本文ＤＴＰ　千秋社
校正　鳥光信子
編集　鈴木幸成（山と溪谷社）

完全版　日本人は、どんな肉を喰ってきたのか？

二〇二三年六月五日　初版第一刷発行

著　者　田中康弘
発行人　川崎深雪
発行所　株式会社　山と溪谷社
郵便番号　一〇一―〇〇五一
東京都千代田区神田神保町一丁目一〇五番地
https://www.yamakei.co.jp/

■乱丁・落丁、及び内容に関するお問合せ先
山と溪谷社自動応答サービス　電話〇三―六七四四―一九〇〇
受付時間／十一時～十六時（土日、祝日を除く）
メールもご利用ください。【乱丁・落丁】service@yamakei.co.jp
【内容】info@yamakei.co.jp

■書店・取次様からのご注文先
山と溪谷社受注センター　電話〇四八―四五八―三四五五
ファクス〇四八―四二一―〇五一三

■書店・取次様からのご注文以外のお問合せ先 eigyo@yamakei.co.jp

フォーマット・デザイン　岡本一宣デザイン事務所
印刷・製本　大日本印刷　株式会社

Printed in Japan ISBN 978-4-635-04967-2